裁判例からわかる

介護事業の実務

弁護士
芦原一郎 監修

弁護士法人かなめ 著

中央経済社

はしがき

　介護現場では，利用者からのクレーム，介護事故，職員とのトラブル，外注業者とのトラブル，行政対応など，日々多くの問題が発生しています。

　その多くは，現場の職員の皆様の努力により大事に至ることなく解決していますが，中には，様々な事情から裁判に発展し争われるケースもあります。

　事業所側に問題があり受けざるを得ない訴訟もあれば，利用者や利用者家族によるカスタマーハラスメントが疑われる事案，問題職員が相手方となる事案，外注先等からの理不尽な対応など，事業所としては予期せぬ形で裁判に巻き込まれることもあります。

　このような裁判例の中には，皆様の事業所の中で起きている問題と似た事例もあると思われ，実際に，このような問題にどう対応していくべきか，そして，それに対して裁判所がどのような法的な判断をするのかについて知ることは，非常に参考になります。

　そこで，この書籍では令和３年に判決の言い渡しがされた，介護事業所が原告や被告となった裁判例を可能な限りピックアップし，「利用者とのあれこれ」「職員とのあれこれ」「行政とのあれこれ」「WEBに関するあれこれ」「経営に関するあれこれ」の５つの章に分けて解説しています。

　「利用者とのあれこれ」では，利用者との間で発生する様々なクレームや介護事故について，「職員とのあれこれ」では，職員との間の労働問題や安全配慮義務違反について，「行政とのあれこれ」では，住民訴訟や各種保険料の還付請求等について，「WEBに関するあれこれ」では，近年問題となっているインターネット上の掲示板等への書き込みへの対応について，「経営に関するあれこれ」では，事業所の賃貸借契約，商標，フランチャイズ契約などへの対応

について，取り上げています，

　もっとも，「裁判だとか判決だとか，判決文を読んでも何を言っているのかわからない」と思われる皆さんも多いのではないかと思います。

　そのため，この書籍では，単に裁判例の解説をすることを目的にせず，裁判例の中で，可能な限り要点のみを抽出し，介護事業所において一般的に注意すべき事項を説明させていただいた上で，実際の介護現場でどのように活用できるかという点に焦点を当てて解説しています。

　これらの実務上のポイントを押さえながら，皆さんの事業所の研修や勉強会資料として利用していただき，「うちの事業所ではうまく運用ができているだろうか」「同じような問題が発生していないだろうか」「どんな対応をしていれば責任を問われない，または，最小限に抑えられるんだろうか」などの議論の端緒としていただければと思います。

　また，弁護士法人かなめでは，全国にいる顧問先の皆様から日々ご相談やご質問をいただいており，本書では，これらの事案の集積から考えた様々な解決策なども紹介しています。

　本書籍が，皆様の事業所運営の一助となれば幸甚です。

2022年12月

弁護士法人かなめ

目　次

第2章 職員とのあれこれ

| 第3章 | 行政とのあれこれ |

| 第4章 | WEBに関するあれこれ |

第5章　経営に関するあれこれ

第 1 章

利用者とのあれこれ

　介護事業所と利用者との間には，介護事故，虐待問題，利用契約上の問題など，日々様々なトラブルが発生します。

　特に，認知機能，身体機能に制約のある高齢者や障害者が利用者である以上，介護事故の発生は避けられません。多くの場合は，介護事業者と利用者との間の真摯な協議の中で解決が見られますが，介護事業所側の対応に問題があった場合，利用者側の要求が過大である場合などには，訴訟へと発展することもあり，介護事業所はその対応を迫られることになります。

　また，利用者家族同士の問題に介護事業所が巻き込まれたり，医療機関，関係各所との連携の困難さから紛争に至るケースもあります。

　第1章では，利用者との間で発生し，訴訟化した様々な裁判とその結果について解説します。

1 術後の感染症等の発症により利用者が死亡したことについて施設の責任が否定された事案

東京地判令3・3・4平30（ワ）30941号

#介護事故　#感染症
#予見義務　#回避義務

事案の概要

　本事案は，被告Y1が運営する病院（以下「被告病院」といいます）で，右大腿骨頚部骨折に対する人工骨頭置換術を受け，退院後そのまま被告Y2が運営する介護老人保健施設（以下「被告施設」といいます）に入所し，その後，状態が悪化したため他の病院に入院するも，上記施術後の感染症（施術部位における人工関節の創部感染）による敗血症を原因とする多臓器不全で死亡したことについて，亡Cの相続人である原告らが，被告Y1および被告Y2に対し，債務不履行または不法行為（使用者責任）に基づく損害賠償を請求した事案です。

　裁判所は，被告Y1および被告Y2の債務不履行および不法行為のいずれも認めず，原告らの請求を棄却しました。

1　本事案の内容

（1）　本事案の時系列

　本事案では，原告らから，被告Ｙ１と被告Ｙ２の行為それぞれについて債務不履行または不法行為（使用者責任）の主張がされていることから，まずは簡単に本事案の時系列を紹介します。

1月29日	Cが自宅の駐車場で転倒して被告病院に救急搬送。右大腿骨頚部骨折により入院。
2月6日	被告病院で手術。
3月1日	被告病院を退院し，被告施設に入所。発熱。
3月13日	Cが肺炎のため状態低下。
3月14日	採血検査。
3月15日	採血の結果CRP値，白血球値ともに異常な数値。
3月18日	被告施設から他の医療機関に搬送，入院。敗血症の診断。
4月12日	多臓器不全により死亡。

（2）　原告らが主張する被告Ｙ１および被告Ｙ２の責任

　原告らは被告Ｙ１に対し，被告病院は，術後未だ30日も経っていなかった亡Ｃの退院時（3月1日）に，術後の炎症反応について，亡Ｃとその親族に説明をして，炎症反応が出たらすぐに被告病院に連絡するように指導し，かつ退院後の入所先である被告施設にその旨申し送りをする義務があったにもかかわらずこれを怠ったこと，被告Ｙ２に対しては，被告施設は，入所から約2週間が経った時点（3月15日）における亡Ｃの状態悪化に鑑みて，人工骨頭置換術後の感染症およびこれによる敗血症を疑い，人工骨頭置換術を実施した被告病院に亡Ｃを救急搬送すべき義務があったにもかかわらずこれを怠ったことにより，亡Ｃは敗血症を原因とする多臓器不全から脱せず死亡したと主張していました。

　結論としては，そのいずれも義務違反はなかったと判断されました。以下では被告施設に関する裁判所の判断を確認してみましょう。

2　裁判所の判断（被告施設の過失の有無）

　原告らが主張する被告施設の過失の内容は，分解すると，

---

① 　3月15日の時点で本件施術後の感染症およびこれによる敗血症を疑うべきであったこと（予見義務違反）

② 　その上で，亡Cを被告病院に緊急搬送すべきだったこと（回避義務違反）

の2つです。

　これは，過失の内容として分解すると，「本件施術後の感染症およびこれによる敗血症を疑う」という予見可能性の問題と，「亡Cを被告病院に緊急搬送する」という結果回避可能性の問題と捉えることができます。

　原告らは，亡Cが被告施設入所以降発熱が続いており，3月15日には採血結果でCRP値，白血球数も異常であったこと，実際に被告施設が抗菌薬治療を行っていたこと，医師の意見書で被告施設が敗血症の可能性も考慮すべきであった旨述べられていることなどから，3月15日の時点で本件施術後の感染症およびこれによる敗血症を疑うべきだったのにそれを怠り，さらに亡Cを被告病院に緊急搬送すべきだったのにこれを怠ったと主張していました。

　しかしながら，裁判所は，①予見義務違反および②回避義務違反のいずれについても否定しました。

　まず，①については，亡Cが3月15日までの間に，本人の主訴としても，外部的徴表としても，手術部位の感染を疑わせる事情がなかったこと，そもそも亡Cは高齢で虚弱であったことから，手術部位感染以外の症状が生じる可能性があったこと，実際に他の医療機関でも，一見して敗血症と判明したわけではなく検査の結果判明したものであったことなどから，少なくとも3月15日の時点で敗血症を疑うべきであったとは認められないと判断しました。つまり，①予見義務違反が否定されたのです。

　これにより，3月15日の時点で敗血症を理由とした緊急搬送をすべき義務がそもそもないことになるものの，裁判所は，さらに②についても，被告病院に

救急搬送しなくても，適切に診療情報を提供すれば本件施術の創部感染の可能性を念頭に置いて治療を進めることはできるし，原告らが付き添い疲れから被告病院以外の入院先を強く希望していたという事情も踏まえれば，被告病院に特定して亡Cを搬送すべき義務も認められないとしました。つまり，②回避義務違反も否定されたのです。

　以上により，被告Y2には義務違反はなく，原告らからの損害賠償請求は棄却されました。

3　実務上のポイント

　介護施設の入居者は，本事案の亡Cのように，手術を受けた後であったり既往症があったり，その他健康面などに様々な問題を抱えているのが通常です。

　そのため，介護施設の職員としては，容体が悪化した入居者に対して，①どのような疾病を疑い（予見），②どのようなタイミングでどのような措置をとるか（回避措置），頭を悩ませていると思います。そして，日々のサービス提供の中で，少しでも容体が悪化すればとりあえず病院に搬送すればいい，ということではないはずです。本判決が示した，①予見義務と②回避義務という視点から，何をすべきなのかを整理して考えることができるのです。

　介護施設に入所中の入居者が亡くなった場合，ご遺族からの損害賠償請求を受けることは，ある程度は避けられない部分もあります。

　もっとも，本事案からもわかるように，介護施設として何か特別なことをする必要はなく，あくまで常識的な範囲で，その時の入居者の状況をその時に認識できる事情から判断して対応をしていれば，原則として責任を負うことはありません。介護施設としてはもちろん注意を怠ってはいけませんが，過剰に反応することなく，日々の業務に臨むようにしましょう。また，その際，①予見義務と②回避義務という判断基準は，問題点を分析するツールとして役に立つ場合がありますので，活用してください。

2   褥瘡の発生および誤嚥による利用者の死亡について施設の責任が肯定された事案

東京地判令3・3・19平29（ワ）23941号

#介護事故　#褥瘡　#誤嚥

事案の概要

　本事案は，被告が設置する特別養護老人ホームの利用者であった亡Bの相続人である原告らが，被告および被告の介護職員の過失により，亡Bに①褥瘡および②誤嚥が発生し，誤嚥が原因となって亡Bが死亡したと主張して，被告に対し，使用者責任および不法行為による損害賠償請求権に基づく損害賠償を請求した事案です。

　本事案で裁判所は，①②のいずれについても被告に注意義務違反があったとして，損害賠償責任を認めました。

---

1   本事案の内容（亡Bの状態の経過）

　亡Bは亡くなった当時86歳であり，元々要介護2で被告施設のショートステイを利用していましたが，入所から4カ月後には要介護4となりADL（日常生活動作）の急速な低下が見られました。

　その約2カ月後には，右骨盤底に縦4.0センチメートル，横4.7センチメートルのⅡ度の褥瘡が発生し，さらに1カ月後には本件部位の創部周囲に暗赤色状

の壊死組織が発生し，滲出液が出る状態となり，感染症を伴うⅢ度の褥瘡に悪化しました。

　その後，職員の食事介護中，吐き出した食べ物が気管に入る誤嚥が発生し，誤嚥性肺炎を発症し死亡に至りました。

2　裁判所の判断

（1）　褥瘡についての判断

　今回，褥瘡は途中で悪化しており，原告らは褥瘡の発生およびその悪化の両方について，被告に責任がある旨主張しています。

①　Ⅱ度の褥瘡の発生

　まず，原告らは，亡Bは高齢者であり，加齢による皮膚の乾燥，創傷治癒能力の低下があり，要介護4の認定を受けていたことなどから褥瘡が生じやすい状態であったことを被告が認識していた以上，被告には本件Ⅱ度の褥瘡の発生を防止する注意義務があったにもかかわらず，被告の亡Bに対する

---

　① 連続座位時間を2時間以内とすることなく
　② 座位姿勢の場合に褥瘡予防用クッションを使用せず
　③ 褥瘡を予防するための栄養管理やスキンケアをしない

という注意義務違反により，本件Ⅱ度の褥瘡が発生したと主張していました。

　裁判所は，亡Bの状態として，認知症と診断されたこと，下肢の筋力が低下して歩行が困難な状態であったこと，座位姿勢の保持が困難となり左右に傾いてしまう状態であったこと，要介護4の認定を受けたこと，さらには，認知症の悪化により，立ち上がろうとする行為がなくなり，排せつは失禁の状態で，体力および筋力が低下し，関節の拘縮が進んでいたこと，すでに本件部位にⅠ

度の褥瘡が発生していたことなどを認定し，遅くともⅠ度の褥瘡が発生した当時，被告にはⅡ度の褥瘡が発生することを防止すべき注意義務があったと認定しました。

　その上で，具体的な注意義務違反の内容としては，褥瘡に関する医学的知見に照らし，上記①ないし③の不作為を認定したのです。

　被告はいずれの注意義務もなく，さらにⅡ度の褥瘡が発生した原因は，原告らが被告に対し亡Bを車椅子に座らせることを要求したことにある旨主張していました。しかしながら，裁判所は，これによっても，被告にⅡ度の褥瘡の発生を防止すべき義務を免れるものではないとし，被告の責任を認めました。

②　Ⅲ度の褥瘡の発生

　次に原告らは，亡BにⅡ度の褥瘡が発生した後，同人が低栄養状態であり，平成27（2015）年8月中旬頃には本件部位の皮膚の壊死が進行している状態であったことを認識していたことから，被告にはⅢ度の褥瘡の発生を防止する注意義務があったと主張しました。

　その上で，具体的には上記①ないし③に加え

---

④　ベッド上における体位交換を2時間ごとに行わず

⑤　医師の診察を受けさせず

⑥　褥瘡が生じている本件部位に外用剤使用等による適切な処置をしなかった

ことにより，Ⅲ度の褥瘡が発生したと主張していました。

　裁判所は，亡Bが低栄養状態にあったことや，Ⅱ度の褥瘡が発生している状況に鑑みて，本件部位の褥瘡がⅢ度の褥瘡にまで悪化することを防止すべき注意義務があったと認定しました。

　被告は，Ⅲ度の褥瘡が，原告らが持参したココナッツオイルとオメガCを毎食後に服用させることを要求したことで下痢が多発し，これによって治療が遅れた旨主張していました。しかしながら，裁判所は，これによりⅢ度の褥瘡の

発生を防止する注意義務を免れるものではないとし，被告の責任を認めました。

（2） 誤嚥についての判断

　亡Bは，誤嚥事故が発生した当時，要介護4となり，その後に褥瘡によって さらに健康状態が悪化し，誤嚥事故が発生する食事の前3日間の食事において も飲み込み不良等で食事を中止するなどしており，嚥下機能が低下して誤嚥が 生じやすい状態にありました。

　そのため原告らは，職員は誤嚥が生じないように細心の注意をもって食事介 助をし，誤嚥の発生を防止する注意義務があったにもかかわらず，

---

① 食事介助前にパタラカ体操（パタラカの4つの音を発音して，食べるときに 使う口腔器官の運動をする体操）などの準備運動をさせることなく

② 食事介助前に水分を提供せず

③ ベッドの背もたれの角度を調節するなどして適切な姿勢をとらせることなく

④ 一口ごとに口内を見て食べ物の飲み込みを確認せず

⑤ 本件夕食の全量の4分の3を8分間という通常より著しく速い速度で提供し

⑥ 誤嚥が疑われる状態となった際に適切なタッピングをしなかった

ため，誤嚥が発生した旨主張していました。

　裁判所は，亡Bの健康状態や食事の状況等から，食事介助を担当する職員は， 誤嚥事故発生当時，亡Bが嚥下機能の低下によって一度は飲み込んだものの吐 き戻した食べ物を含む口腔内の食べ物が気管に入り誤嚥が発生することを予見 することが可能であったといえ，亡Bが誤嚥して窒息することがないように食 事介助を行う注意義務があり，さらに義務違反も認定しました。

　これに対して被告は，食欲不信は一過性であった，食事にはとろみをつけて いたとして，誤嚥の発生を防止する義務を果たしていたことを主張し，その義 務違反を否定していました。しかしながら，裁判所は，これまでの経緯から， 亡Bの嚥下機能の低下は一過性のものではなく，さらに，すべての食事にとろ

みがついていたことを証明する証拠はないとして，被告の責任を認めました。

　なお，裁判所はこれらと合わせて，被告が被告施設の職員に対し，食事介助の方法に関する教育指導等を行っていたかは証拠上明らかではなく，さらに誤嚥の防止を目的とした食事の内容・食事介助の方法等を定めた指針，利用者が窒息した場合等の緊急時の対応の手順に関する指針を策定し，これらを被告施設の職員に対し周知徹底することもしていなかったことや，誤嚥事故発生時，被告施設の利用者の居室にある電話から看護師に対し直接連絡をすることができず，被告施設の看護師にPHSを常時携帯することが徹底されていなかったことなどから，被告施設の体制が不十分であったことを認定し，これらの不備がなければ，誤嚥後の迅速な処置によって亡Bの救命に至った可能性も否定することができないと認定しています。

3　実務上のポイント

（1）　褥　瘡

　介護施設では，利用者の家族から様々な要望がされ，これに対応をしなければならない場合もあります。

　しかしながら，介護施設は，介護のプロとして，利用者の健康状態等に合わせて，できることとできないことをしっかりと利用者の家族に説明する必要があります。

　本事案では，被告は，利用者家族からの要望に応えたことが，利用者の褥瘡の原因であるかのような主張をしていましたが，仮にこの要望が褥瘡の原因となるものであれば，介護施設としてその旨を説明し，適切なケアを行う必要があります。実際に，本件では褥瘡ができたことがケアマネジャーにさえ報告されていませんでした。

　介護事業を行う以上，介護のプロとしての職責を放棄してはいけません。

（2） 誤 嚥

　本件では，2（2）の「なお」以降の裁判所の判断は，被告の責任を認定するにあたって必ずしも必要な判断ではありません。しかしながら，あえて裁判所が介護施設での体制の不備を指摘したのは，人命に関わる業務に取り組む介護施設に対して，警告や意識を改めさせるという意味があったことが推察されます。

　介護事故を防止すること，そして介護事故が発生した際の手順を施設でしっかり策定し，これに対する研修を行うという当たり前のことを，改めて意識づけさせる裁判例です。

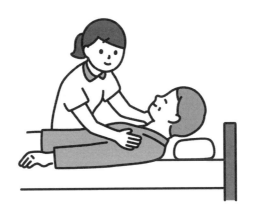

3　転倒事故の発生について施設の責任が否定された事案

東京地判令3・4・27令元（ワ）23961号

#介護事故　#転倒
#排せつ介助

事案の概要

　本事案は，ショートステイ先の施設におけるトイレ内での転倒事故について，介護職員が過失により転倒させたのか，入居者が単独で転倒したのかが争われた事案です。

　本件入居者は，当初，自身で転倒したと話していました。しかしながら，本件入居者は，事故後約1週間後に「トイレ内で介護職員が転倒し，それに巻き込まれて転んでしまった。介護職員から，『入居者がトイレ内で転倒し，そこに介護職員が駆けつけたことにしてくれ』と頼まれ，『うん』と答えてしまった」と説明（以下，「本件説明」といいます）するようになりました。そこで，転倒事故の対応がどのようなものであったのかが争われました。

　原告は，この入居者の遺族です。

1　裁判所の判断

　本件の主たる争点は，本件転倒事故がどのような態様であったのかという点，認定された事故態様において施設に安全配慮義務違反があるかという点です。

（1）　本件転倒事故の態様

　原告は，本件転倒事故の態様は，トイレ内で介護職員が転倒し，それに本件入居者が巻き込まれたとして，その根拠として主に以下の点を主張しました。

① 介護職員は，本件入居者に対し，「ごめんね。」などと述べて許しを請い，懸命に謝罪しており，自身が本件入居者を転倒させたことを自覚していたからこそ，このような謝罪をした。
② 本件入居者は，直接の被害者であり，本件発言に信用性がある。本件入居者は，当初は介護職員を庇っていたが，怪我の程度が重大であったため，真実を話すことになったと考えられ，変遷に理由がある。

　これらの点につき，裁判所は以下のように指摘をし，事故態様を認定しました。

　まず，①については，謝罪の態様については争いがあるものの，介護職員が謝罪したのは，自身が夜勤担当者を務めていた際に本件転倒事故が発生したことについて道義的な責任を感じたからと考えて矛盾するものではないため，介護職員が謝罪をしていたとしても，本件転倒事故の態様が原告の主張する態様であるとは推認できないとしました。

　次に②については，本件入居者の説明が不実のものから真実のものへ変遷したと仮定した場合，そのことについて合理的な根拠は見出し難く，変遷後の本件入居者の説明を根拠にして，本件転倒事故の態様が原告の主張する態様であるとは推認できないとしました。

　他方で，本件入居者は，１人で立ち上がる・座る・トイレで用を足すことが可能な状況にあり，トイレ内介助を不要とする本件入居者の希望およびケアマネジャーとの協議を踏まえ，本件入居者に対するトイレ内介助については不要と定められていました。

　以上を考慮すると，本件転倒事故は，排泄後にブザーで呼び出されるまでド

アを開けないという約束に従って介護職員がトイレの外で待機していたところ，本件入居者が排せつを終えた後，自ら立ち上がり尻を拭く時に手すりから手が離れて転倒したという事故であると認められると判断しました。

（2）　安全配慮義務違反の有無

　裁判所は，上記のとおり認定した事故態様を踏まえると，施設が，本件入居者が転倒するのを防ぐべき安全配慮義務に違反したとはいえないと判断しました。

2　本事案のポイント（排せつ介助に問題があったのか）

　介護施設においては，排せつに関する転倒事故が多く発生しています。本事例では，そのうち，トイレ（個室）内での転倒事故が問題となりました。

　排せつ介助は，排せつという利用者のセンシティブな面に触れる介助ですので，付きっきりで介助することは必ずしも正解ではありません。介護施設としては，利用者の身体的・精神的な状況，判断能力の程度などを考慮した上で，介護職員がどの程度介助をすべきかを判断する必要があります。

　他方で，その判断を誤れば事故が発生し，介護事業所の責任問題に発展する可能性もあります。そのため，排せつ介助については，事業所側がどの程度関与すべきかという点について，極めて慎重な判断が要求されます。

　例えば，自立できない，座位を保てない状況なのであれば，事故防止の観点から，トイレ内での介助が必要になってきます。ところが，利用者は，自身の身体的な状況を必ずしも正確に把握しているわけではありませんし，当然トイレ内での介助には抵抗を示されることも多くあります。そのため，介護職員からすれば，トイレ内で介助をすべき状況であるにもかかわらず，利用者がトイレ内での介助を拒むため適切な介助を行えないというケースも多くあります。このような場面では，事業所側がどの程度関与すべきか，あるいは，関与すべきではないのかという判断は，非常に難易度が高くなります。

　本事案の判決文からは，本件入居者の身体的・精神的な状況，判断能力の程度は明らかではありません。ただ，利用しているサービスがショートステイですし，ショートステイの利用契約から約半年後の事故であることや，1人で用を足すことが可能だったということからすると，身体的にも，判断能力としても，トイレ内での介助までは不要であったのだと推測されます。実際，ケアマネジャーと本件入居者との間でトイレ内での介助は不要との取り決めがされていました。

　そうだとすれば，本事案で認定された事実からすれば，施設側の排せつ介助には問題がなかったと判断されるべきだったのでしょう。原告側が，トイレ内での介助をすべきであったかという点を争っていないのも，このような観点からの判断だったのかもしれません。

3　実務上のポイント

　本判決で気になったのは，争点となっているのは事故態様であるのに，事故報告書が証拠として引用されていないことです。また，トイレ内介助が不要だという協議内容も，経過記録などではなく証人による供述をもって認定されています。このように，本来存在するはずの書類が証拠になっていないということは，十分な書類が作成されていないからであると考えられます。

　裁判では客観的な証拠が最も重要です。この観点から，常日頃より書類，資料をしっかり作成するということを意識していただきたいです。

　例えば，事故が起こった際には，複数の職員が立ち合いをした上で多角的な視点から事故報告書を作成したとします。他の利用者も見ている中で，「介護職員がトイレ内に入った後に転倒した」という事故について，「トイレ内で利用者が転倒した気配があったので，トイレ内に入って確認すると利用者が転倒していた」との事故報告書を作成することは極めて困難だと思います。もちろん，それでも実態と異なる内容の報告書を作成することは技術的には可能ですし，事業所側に保身の意識がある可能性も否定できませんが，事故報告書を作

成すること自体で様々な牽制が働きますので，トラブルの直後に作成される事故報告書には一定の信用性が認められます。

　このような観点から，介護事故が起こった後に，事実経過を正確に記載した事故報告書を作成することは，介護事業所が無用な責任を負わないためにも非常に重要なことだと認識してください。

　介護事故が起こった際には，利用者の安全確保や緊急通報，ご家族への報告が最優先ですが，これらの対応が一段落ついた後は，すぐに事故報告書の作成に取り掛かりましょう。人の記憶は曖昧ですし，時間が経てば経つほど，どんどん記憶は薄れていきます。記憶が新しいうちに詳細な事故報告書を作成することが，事業所を救うこともあるということを理解してください。

4 利用者の転倒事故について利用者の家族に対する施設の責任が否定された事案

東京地判令3・9・6令3（ワ）163号

#介護事故　#転倒
#安全配慮義務

事案の概要

　本事案は，原告らが，原告らの母が入居していた介護付有料老人ホームの運営会社であった被告に対し，

① 被告の安全管理体制整備義務違反により原告らの母が負傷し，原告らの母の生命を害されたのと同じくらい精神上多大な苦痛を受けたこと
② 被告の安全管理体制整備に関する説明義務違反および誠実対応義務違反により精神的苦痛を被ったこと

を理由として，慰謝料を請求した事案です。

　本事案では，実際に負傷した母ではなく，その子である原告らが，原告らに固有の権利を侵害されたとして，慰謝料請求をしている点が特徴的です。裁判所は，結論として，原告らの主張をすべて棄却しました。

1　本事案の時系列

平成30（2018）年 5月15日 10：05am	職員が本件施設1階共用部に設置された円形ソファー下の床に，右側臥位で横になっている原告らの母（以下，「B」といいます）を発見。 Bの右前頭部に1センチメートル×3.5センチメートルの大きさの皮下血腫あり。
同日10：10am	上記血腫が1センチメートル×4センチメートルの大きさに増大。
同日10：19am	救急車要請，病院に緊急搬送，右こめかみに約5センチメートルの皮下血腫あり。頭皮下血腫（右こめかみ皮下血腫）と診断。
同日0：10pm	施設へ戻る。その後症状に異常なし。
5月16日	原告らがBと面会し，皮下血腫を確認。原告らが本件事故現場である本件施設1階共用部に設置された監視カメラの映像の閲覧を要求。被告は施設長不在のため閲覧を拒否。
5月25日	原告らが本件施設1階共用部に設置された見守りカメラの確認に訪れ，カメラ映像を閲覧。本件事故現場が映っていないことの説明と確認。
6月末	Bが本件施設を退所し，他の施設に転居。
7月4日	原告ら代理人より本件事故に関する受傷時の状況，受傷の原因，受傷時の介護の状況および担当職員名等に係る当時の介護記録等の記録一式，本件施設の管理規程ならびに入居者の打撲傷等の発生に関する運営懇談会の議事録等の開示を請求。
8月3日	被告が本件事故に関する報告書，Bの介護記録，本件施設の管理規程，平成26（2014）年1月から平成30（2018）年1月までに開催された本件施設の運営懇談会の議事録等を原告ら代理人へ送付。
平成30（2018）年 9月19日， 平成31（2019）年 3月14日， 令和元（2019）年 5月27日，7月12日	原告ら代理人から，さらに資料の開示と質問への回答を要求するが被告が応じず。

2　裁判所の判断

（1）　事案の概要①

　原告らは，上記1のような事実関係および本件事故の前にも転倒事故等が発生していた状況の中で，被告が監視カメラによる撮影管理をしていなかったことをもって，安全管理体制整備義務違反があった旨主張していました。

　もっとも，仮に被告に安全管理体制整備義務違反が認められたとしても，当該義務違反に基づく損害賠償請求権を有するのは，実際に怪我をしたBの母であって，原告らではありません。

　この点に関して，民法711条は，「他人の生命を侵害した者は，被害者の父母，配偶者及び子に対しては，その財産権が侵害されなかった場合においても，損害の賠償をしなければならない。」と定めており，判例がこれを修正して，「第三者の不法行為によって身体を害された者の配偶者及び子は，そのために被害者が生命を害された場合にも比肩すべき，又はその場合に比して著しく劣らない程度の精神上の苦痛を受けたときに限り，自己の権利として慰謝料を請求できるものと解するのが相当である」と判示しています（最判昭33・8・5民集12巻12号1901頁）。

　つまり，本事案において原告らは，「被害者が生命を害された場合にも比肩すべき，又はその場合に比して著しく劣らない程度の精神上の苦痛を受けた」と主張していたのです。

　これについて本判決は，Bが負った傷害の内容や後の症状の経過からすれば，「被害者が生命を害された場合にも比肩すべき，又はその場合に比して著しく劣らない程度の精神上の苦痛を受けた」とはいえないとして，安全管理体制整備義務違反の有無について判断することなく，原告らの請求を退けました。

（2）　事案の概要②

　さらに原告らは，被告には本件入居契約の付随義務として安全管理体制整備

に関する説明義務違反および誠実対応義務違反があったとして，慰謝料を請求していました。

　これは，Bは認知症の症状が進行し，見当識障害も見られたことから，身元引受人であり子である原告らに対しても安全管理体制整備に関する説明義務および誠実対応義務があったとする主張でしたが，裁判所は，本件入居契約の契約者はあくまでBであることから，原告らに対して法的に説明義務および誠実対応義務を負うものではないと判断しました。

　もっとも，裁判所は，仮に被告が原告らに対して法的に説明義務および誠実対応義務を負っていたとしても，被告の行為には説明義務違反および誠実対応義務違反はないと判断しています。

　具体的には，被告は原告らの要求に応じて必要な資料等の開示を行っており，さらに監視カメラによる共用部における入居者の行動を撮影・録画することは被告の義務ではない上，監視カメラの設置が突発的な転倒を回避する手段とならないことからも，そもそも事故状況を撮影・録画していないことをもって説明義務および誠実対応義務に違反していることにはならないと判断したのです。

　以上の理由から，原告らの請求はいずれも棄却されました。

3　本事案のポイント

　本事案で注意すべき点は2点です。

　まず，本事案では，原告らの請求はいずれも棄却されたものの，これはあくまで「原告ら」に対する義務違反がなかったことを示すにすぎず，Bとの関係で，安全管理体制整備義務違反（安全配慮義務違反）が認められなかったわけではありません。

　本事案を見ると，本件施設では過去にも転倒事故が起きており，さらにその状況については定かではありません。

　裁判例からわかる事情のみでははっきりとわからないものの，仮にBが原告となっていれば，安全管理体制整備義務違反（安全配慮義務違反）が認められ

た可能性がありますし，もしこの転倒事故でBがより深刻な怪我をしていたり，最悪の場合亡くなってしまったりしたような場合には，原告らに対する責任が認められた可能性もあります。

　本事案を，単に「安全管理体制整備義務違反（安全配慮義務違反）が認められなかった事案」だと考えてはいけません。

　次に注目すべき点は，判決文の中で，「監視カメラの設置が突発的な転倒を回避する手段とならない」と判断されている点です。

　本事案では，監視カメラの有無が原告らの主張に影響を与えない，という趣旨で，施設側に有利な事情として評価されていますが，これは逆から見ると，仮に監視カメラを設置していたとしても，監視カメラの設置が事故発生の回避につながらない場合には，施設側が十分な安全配慮義務を果たしていないと評価されるような場合もあり得ることを意味するように思われます。

　つまり，裁判所は，安全管理体制整備義務違反（安全配慮義務違反）の有無を検討するにあたって，仮に何らかの事故防止策が取られていたとしても，その事故防止策が具体的な事故防止に役立たない場合には，事故防止策として評価してもらえない可能性があることを意味しています。

4　実務上のポイント

　事故を防止するためには，原因の究明とその原因の除去に直結する事故防止策の検討が必要不可欠です。例えば，本事案がBからの請求であった場合で，転倒事故が施設の同じ場所で繰り返し発生していたにもかかわらず，被告がその原因を究明しようともしていなかったとすれば，それはBに対する安全管理体制整備義務違反（安全配慮義務違反）となり得ます。

　介護事業所としては，これらの注意点を踏まえて，事故が発生した場合の事故対応策の検討を怠らないようにしましょう。

5　自宅での転落事故の発生について介護ヘルパーの責任が否定された事案

東京地判令3・9・16平31（ワ）2362号

#介護事故　#転落
#安全配慮義務　#過剰要求

事案の概要

　本事案は，視力障害のある原告が，自宅の2階の階段から転落して受傷した（以下「本件事故」といいます）のは，介護保険サービスを提供する被告の従業員である介護ヘルパーが，安全配慮義務を怠ったためであると主張して，民法715条（使用者責任）に基づく損害賠償を請求した事案です。

　本事案では，介護ヘルパーが負うべき安全配慮義務の範囲が問題となり，結論として，被告の従業員である介護ヘルパーには安全配慮義務違反がなかったとして，原告の請求が棄却されていますが，判決文全体からは，その背景にある問題が垣間見えます。

1　原告の主張の概要

　本件事故は，サービス提供のために原告宅を訪問した介護ヘルパーが，原告から原告宅の2階にある12畳部屋にある荷物を4畳半部屋に移動させること（以下「本件作業」といいます）を依頼され，原告と介護ヘルパーが2階へ行

き，介護ヘルパーが本件作業を始めた後，原告が12畳部屋に置いてあった組立て前の段ボール束（組立て前の複数枚の段ボールを紐で束ねたもの。以下「本件段ボール」といいます）を手に持って12畳部屋から出て移動しようとしたところ，階段から足を踏み外して転落し，左殿部打撲，左殿部血腫，腰部打撲，左下肢打撲，左肩打撲および左上肢打撲の傷害を負ったというものです。

　原告が主張する介護ヘルパーの安全配慮義務の内容は，以下の2つです。

---

① 視覚障害および上下肢機能に著しい障害を持つ被介護者の行動が，予期せぬ事態により事故を発生させるおそれがあると認められるときは，助言等（「危ないですから，止めてください」等）を行うことによりこれを制止すべき職業上の安全配慮義務がある

② 原告の行動に絶えず注意して，原告から目を離さないように気をつけるとともに，原告の姿が見えないときは，声をかけて（「どこにいますか」等）所在を確認したり，作業の手を止めて原告の安全状況を確認すべき安全配慮義務がある

2　裁判所の判断（安全配慮義務の有無に関する判断）

　まず，①の主張について分析すると，①は，介護ヘルパーであることから当然に発生する安全配慮義務ではなく，「視覚障害および上下肢機能に著しい障害を持つ被介護者の行動が，予期せぬ事態により事故を発生させるおそれがあると認められるとき」に発生するものとされています。そこで裁判所は，本件において，この「視覚障害および上下肢機能に著しい障害を持つ被介護者の行動が，予期せぬ事態により事故を発生させるおそれがあると認められるとき」に当たるか否かについて検討しています。

　具体的には，「視覚障害および上下肢機能に著しい障害を持つ被介護者の行動が，予期せぬ事態により事故を発生させるおそれがあると認められるとき」とは，本件においては，①原告がダンボール束を運搬しており，②これを介護

ヘルパーが認識していたと認められる場合であるところ，本件では，①②のいずれも認定できないことから，そもそも①の安全配慮義務の発生自体が否定されました。

　次に，②の主張については，安全配慮義務の有無の問題であるか，安全配慮義務の存在を前提とした予見可能性の問題であるかについては裁判所の判示からははっきりとしませんが，以下のような原告の障害や生活の状況と被告が提供することとなっていたサービスの内容から，「原告が本件運搬作業のような転落の危険のある行動を取っていることを具体的に認識してい」なければ，介護ヘルパーとしては原告が階段から転落することを予見できなかったとし，安全配慮義務違反を否定しました。

　具体的には，原告は50歳の頃から徐々に視力を失い，52歳の時に糖尿病性網膜症等で障害者認定を受け，本件事故当時は完全に視力を失っていました。このような視力障害（障害1級）の他，脳梗塞による上肢機能障害（障害3級），脳梗塞による下肢機能障害（障害4級）および心不全による心臓機能障害（障害3級）を有し，身体障害程度等級1種1級として身体障害者手帳の交付を受けていました。

　もっとも，原告は本件事故当時，30年以上生活をしている自宅で1人暮らしをし，調理，掃除，洗濯などの家事は全介助を要したものの，食事は置き場所を説明されれば自立して摂取でき，階段も1人で昇降でき（寝室は2階），屋内移動，ベッド可動なども自立していました。これに対し，被告が提供する訪問介護サービス内容は，身体介護としてトイレ，通院介助，外出介助および薬の塗布（湿布貼付），生活援助として掃除，洗濯，衣類の整理，ベッドメイキング，食品および日用品の買い物，調理，配下膳および後片付けならびに見えない不自由への援助でした。

　すなわち，原告の障害の状況や生活状況と被告が提供するサービス内容から，介護ヘルパーが常時間断なく原告の見守りをすることは予定されておらず，原告から目を離す時間もあることは想定されていました。そのため，裁判所の理解としては，本件に関しては少なくとも，広く「原告の行動に絶えず注意して，

原告から目を離さないように気をつけるとともに，原告の姿が見えないときは，声をかけて（「どこにいますか」等）所在を確認したり，作業の手を止めて原告の安全状況を確認すべき安全配慮義務」があったということは認定できず，実際に予見可能性もないとして，介護ヘルパーの安全配慮義務違反を否定したのです。

このように，本判決からは，介護ヘルパーとして利用者の状態に応じた常識的な対応をしていれば，安全配慮義務違反を問われることはなく，仮に利用者からの請求があっても，過剰におそれることはないことがわかります。

3　本事案のポイント

本事案においては，介護ヘルパーが負うべき安全配慮義務違反の範囲や内容が主たる争点となっており，裁判所において具体的な言及がされているわけではありませんが，その背景には，利用者との関係性についての問題が垣間見えます。

例えば，本判決においては，「理解力および判断：場合によってできる。本人独自の理論を展開し，常識的な判断に欠ける。」との事実認定がされている他，本件事故日において被告が提供していたサービスは，午後5時から午後6時の1時間で時間帯としては食事の支度をしなければならない時間帯でした。その中で，「12畳部屋にある荷物の入った段ボール箱を4畳半部屋に移動させる」作業を求められ，その依頼後，介護ヘルパーが4畳半部屋を片付けていることから，4畳半部屋は荷物を移動させる場所がないような状況であったことが窺えます。そして，本件事故が発生したのが午後5時35分頃であり，この時点ではまだ介護ヘルパーによる作業は終わっていませんでした。

仮に，介護ヘルパーが，作業をすべて終えた上で食事の準備をしようとしていたとすれば，サービス提供時間は残り20分程度であり，限られた時間の中で優先順位の高いサービスを提供しなければならない介護ヘルパーにとって移動作業は大きな負担となったことが容易に想像できます。

　さらにいえば，原告は，介護ヘルパーが訪問をしていない間は，伝い歩きで自宅内を自立して歩行でき，階段の昇降も可能で，30年以上居住している自宅であることから，たとえ全盲であったとしても，どこにどのような危険が存在するかも把握できていたはずでした。それにもかかわらず，原告は介護ヘルパーに対して，「原告の行動に絶えず注意して，原告から目を離さないように気をつける」ことを義務として主張しています。

　このような，原告の本件事故時の要求内容や本件事故の発生から裁判までの一連の言動や主張を見ると，本件事故以前より，原告から被告や被告の従業員である介護ヘルパーに対して，過剰な要求がされていた可能性が垣間見えます。

　もちろん，事案の全貌まではわからないものの，本事案は，裁判所が利用者からの過剰な要求や主張を事業所の義務の範囲として認めないことを示した事案として，参考になります。

6 病院における身体拘束について違法性が肯定された事案

東京地判令3・10・7令2（ワ）778号

#身体拘束　#食事形態
#誤嚥・窒息

事案の概要

　本事案は，Yの運営する病院において，入院をしていたZが同病院にて入院中に誤嚥・窒息事故で死亡したことについて，Zの唯一の相続人であるXが，Zがされていた身体拘束は違法であり，誤嚥・窒息の原因はYにあるとして，Yを訴えた事案です。

　裁判所は，一期間の身体拘束についてのみ違法性を認めて，Yに対し慰謝料の支払を命じました。

　本事案は病院での事故ですが，身体拘束の違法性や食事中の見守り義務・嚥下食の形態へ配慮義務が問題になった裁判例であり，介護事業者にとっても有益な内容です。

1　裁判所の判断

（1）　身体拘束の違法性

　本事案において，裁判所は，「その患者の受傷を防止するなどのために必要

やむを得ないと認められる場合に限り」身体拘束が認められるという基準（最判平22・1・26民集64巻1号219頁）を示した上で，身体拘束を開始したこと，その後身体拘束を継続したことについて，それぞれ違法性が判断されています。

　まず，身体拘束の開始については，裁判所は，Zの状況に照らせば，受傷を防ぐ何らかの措置が必要であると指摘しました。その上で，Yの病院の看護師が常時Zを監視することは不可能であり，抑制帯を使用した身体的拘束の中で最も軽度のものとされている腹部ベルトによる体幹の1点抑制という方法（以下「本件拘束」といいます）によってZの受傷を防止しようとしたことは不合理とはいえないとし，身体拘束を開始したことは不法行為には当たらないと判断しました。

　身体拘束の継続についても，Zの状況からして，Zが転倒転落を起こす可能性が高いとして，Zの受傷を防止するための必要やむを得ない措置であったと判断しました。

　しかしながら，Zの身体拘束スコアの合計点が2点であることが3日以上続いていた時点においては，本件拘束の解除を試みるか，少なくとも本件拘束の必要性を具体的に検討する必要があったのに，その時点で，Yの医師が本件拘束の解除を試みず，また，本件拘束の必要性を具体的に検討していないと指摘しました。その上で，入院患者の身体を抑制することは原則として許されないことからすれば，Zがベッドでの安静指示を守れずベッドから降りて転倒する可能性があったことを理由に，本件拘束を同日以降も継続したことが，本件患者の受傷を防止するために必要やむを得ない措置であったということはできないとし，身体拘束の継続が違法であると判断しました。そして，違法な身体拘束についての慰謝料として30万円の損害賠償を認めました。

　なお，身体拘束スコアとは，①睡眠のスコア，②認知・認識のスコア，③行動・体動のスコアの3つの観点で，0点〜3点のスコア（正常が0点で問題があれば点数が上がり，最大が3点）を看護師が各勤務帯終了時に最終評価をし，変化があった場合は診療録へ記載するもので，スコア2点以下で抑制解除とすることなどとされていました。

　なお，裁判所は，本件拘束と誤嚥・窒息事故との因果関係は否定しました。

（2）　食事中の見守り義務および食事形態配慮義務

　裁判所は，Ｚに早食いによる誤嚥の可能性があったこと，きざみ食はむせやすい食事とされていたこと，Ｚが高齢で認知症の程度も高かったことなどから，Ｙにおいて，Ｚが粗きざみ食によって誤嚥・窒息する事故を起こすことを抽象的には予見することができたと指摘しました。

　これに対してＺは，入院前は宅配弁当を利用していたこと，転院前の病院でも常食が提供されていたこと，Ｚに摂食嚥下機能障害ないし摂食機能障害が見られなかったことなどから，Ｚが粗きざみ食であるほうれん草によって誤嚥・窒息事故を起こすことを具体的に予見することは困難であったと認めました。その上で裁判所は，Ｙに，Ｚの食事を見守る義務，Ｚにゼリー食ないしミキサー食程度の嚥下食を提供する義務があったとはいえないと判断しました。

2　裁判所の判断のポイント

（1）　身体拘束

　介護事業所の運営基準では，「当該利用者又は他の利用者等の生命又は身体を保護するため緊急やむを得ない場合を除き，身体的拘束その他利用者の行動を制限する行為（以下「身体的拘束等」という。）を行ってはならない。」と定めており，身体拘束を原則として禁止しています。この基準が言うところの，「緊急やむを得ない場合」は，（ⅰ）切迫性（利用者本人または他の利用者等の生命または身体が危険にさらされる可能性が著しく高いこと），（ⅱ）非代替性（身体拘束その他行動制限を行う以外に代替する介護方法がないこと），（ⅲ）一時性（身体拘束その他の行動制限が一時的なものであること）のすべてを満たす場合を指すと解釈されています（厚生労働省「身体拘束ゼロへの手引き」参照）。

　本判決では，明示はされていないものの，上記（ⅰ）～（ⅲ）の要件を意識した判断がされています。

　例えば，（ⅰ）切迫性については，「Zは，Y病院に入院した時点で，ベッドから転落する危険があった他，何かにつかまらなければ立位の保持ができないという自身の身体的状況を理解せずにベッドから降りて転倒する危険があった」という点が認定されています。（ⅱ）非代替性については，Zの状況からすると，看護師等が常時Zを監視する必要がある一方で，看護師等が「常時，Zを監視することは現実的に不可能」と認定され，他の手段の検討がなされています。また，今回実施された腹部ベルトによる体幹の一点抑制という方法が，「抑制帯を使用した身体拘束の中で最も軽微」であると認定されており，実施した身体拘束の内容についても検討されています。

　また，（ⅲ）一時性については，身体拘束を継続してよいのかという文脈で判断されています。上記1（2）記載のとおり，本事案では，身体拘束スコアが抑制解除の基準に3日以上連続して達した以上，少なくとも，「本件拘束の必要性を具体的に検討する必要があった」と判断されています。

（2）　食事中の見守り義務および食事形態配慮義務

　本判決は，Yが提供する食事によって誤嚥・窒息事故を起こすことを具体的に予見することができるかという判断基準を用いて，Zの状況や周辺事情を丁寧に認定した上で，Yの責任を否定しています。

　介護施設を利用するのは身体的な機能に不安を抱えている高齢者ですので，抽象的には誤嚥・窒息のリスクはあります。このような抽象的なリスクに着目してしまうと，リスク回避の方向に舵を切りすぎて何もできないことになってしまいます。介護事業者としては，具体的に危険を予見できるかどうかという観点で検討することにより，過度にリスクをおそれない対応をすることが可能になります。

　では，危険が具体的であるか抽象的であるかはどのように判断すればよいのでしょうか。

　本判決が認定している内容を見ると，Ｚの状態から推測されるリスクを抽象的な危険とし，他方で，事故当時の実際のＺの状況から誤嚥が起こる可能性がどれほどあるのかというリスクを具体的な危険としています。

　例えば，前者については，Ｚの咀嚼能力に問題があること，嚥下障害の副作用がある抗精神病薬を服用していること，早食い・かきこむ癖があることなどが指摘されており，このようなＺに粗きざみ食を提供すれば，誤嚥の可能性があるのではないかという抽象的な危険が指摘されています。後者については，Ｚが入院する前は常食の宅配弁当を利用していたこと，転院前の病院やＹ病院において常食が提供されていたこと，Ｚに摂食嚥下機能障害ないし摂食機能障害が見られなかったこと，ほぼ全量摂取しており誤嚥やむせ込みが見られなかったことなどを認定し，実際にＺは嚥下食を食べなくとも，誤嚥を起こしていないことを指摘しています。

　介護事業者は，このような実際のＺの食事状況から具体的に誤嚥の危険性を検討することにより，食事形態を判断するようにすべきです。

3　本事案のポイント

　本事案において，違法と判断されたのは，身体拘束スコアが下がっているにもかかわらず身体拘束を継続したことです。身体拘束スコアは，スコアが下がれば身体拘束を解除することを目的に計測されていたはずです。前記のとおり，身体拘束は原則として禁止であり，一時的に認められるものです。この観点からすれば，身体拘束スコアを毎日計測して対象者の状況を確認し，問題がなさそうそうであれば身体拘束を解除するという取組みをすることは，非常に有益です。前記の「身体拘束ゼロへの手引き」でも，「緊急やむを得ず身体拘束を行う場合についても，「緊急やむを得ない場合」に該当するかどうかを常に観察，再検討し，要件に該当しなくなった場合には直ちに解除すること。この場合には，実際に身体拘束を一時的に解除して状態を観察するなどの対応をとることが重要である。」との記載があり，身体拘束スコアを計測するという取組

みは，この記載に沿うものとして評価されるべきです。

　しかしながら，本事案では，身体拘束スコアを計測し，スコアが低下しているにもかかわらず，身体拘束の解除の検討や一時的な解除の試みもなされませんでした。身体拘束は一時的に認められるもので，常に要件に該当するかを確認しなければならないため，スコアの計測をしているはずですが，いつのまにか手段である計測が目的になってしまったのではないかと考えられます。せっかく身体拘束スコアの計測をしているのに，そのスコアを有効に使用することができず，計測しっぱなしになっていたことは，非常にもったいないことだと思います。

4　実務上のポイント

（1）　身体拘束

　認知症の高齢者であっても1人の人間です。そのことを意識し，1人の人間として接していれば，身体拘束は解除する方向で考えないといけないことを当然理解できるはずです。このような意識を欠き，機械的な作業になれば，身体拘束の解除を試みるという視点がなかなか出てこないのではないかと思います。本事案におけるYがどのような状況だったのかはわかりませんが，このような視点が欠けている事業所も一定数あり，そのような事業所では虐待やハラスメントが横行する傾向にあります。精神論にはなりますが，介護事業所においては，やはり「福祉の精神」が非常に重要で，今一度「福祉の精神」に立ち返る必要があるのではないかと思います。

（2）　食事中の見守り義務および食事形態配慮義務

　本判例の内容を見て，「誤嚥しないような形態の嚥下食を提供していたら事業所は責任を負わないのか」「できるだけゼリー食やミキサー食を提供しよう」と安易に考えることは絶対に避けるべきです。

　食べ物を食べることは人間らしい尊厳のある生活をする上で重要な営みの1つです。利用者としても，ゼリー食やミキサー食ではなく，常食を食べたいという願望は持っているはずです。そのため，事業所側の責任回避のためだけの目的に，安易にゼリー食やミキサー食を提供することは，高齢者虐待とも捉えられかねない行動です。

　他方で，誤嚥・窒息事故が発生した場合は，介護事業所の責任が問われるケースが少なくありません。そもそも，誤嚥・窒息事故が発生した場合でも，当然，施設側は誤嚥・窒息させようと思って食事を提供しているわけではありません。それでも，状況によっては，利用者やその家族から責任追及を受けてしまいます。

　このように，介護事業所は，一方で利用者の尊厳を守るために常食に近いものを提供する必要があり，他方で誤嚥・窒息事故による責任を負わないために嚥下食に近い形態での食事を提供する必要があり，完全に板挟みの状況にあります。

　このような状況を打破する1つの方法としては，利用者，その家族と密に関係を持ち，確固たる信頼関係を確立することです。もちろん，主治医等の医師の意見を根拠にする必要はありますが，その意見を踏まえて，利用者にどのような形態の食事を提供するかを，利用者，その家族としっかり協議しましょう。普段からの信頼関係が厚く，しっかりと協議した上で提供された食事であれば，仮に誤嚥・窒息事故が発生したとしても，通常は，介護事業所側に責任追及をすることはないはずです。

　なお，このような協議・取り決めをする際に，責任回避の目的で，利用者，その家族から同意書や誓約書を取りたいという相談を受けることがあります。しかしながら，個人的には同意書の取得に関しては否定的な意見を持っています。まず，例えば「事業所は一切責任を負いません」という同意書があったとしても，効力が否定される可能性が高く，実効性には限界があります。また，同意書を取るということは，利用者と家族を信頼していないことの表れであり，利用者，その家族との信頼関係を損ねる可能性があります。つまり，同意書を

取得するメリット（事業所側の責任回避）が小さく，むしろ，デメリット（利用者，その家族との信頼関係の毀損）が大きいため，同意書の取得をする意義があまりありません。仮に，書面化するのであれば，どのような協議を経て，どのような結論になったのかを記載して確認するにとどめ，責任云々については記載すべきでないと考えます。

　本事案に即していえば，①もともと常食だったが，身体拘束によって，腹部圧迫や体位変換の制限等による誤嚥・窒息等の可能性があったことから，常食ではなく粗きざみ食を提供することになったこと，②粗きざみ食で誤嚥が起きていないことから，嚥下食の提供までは不要となったことなどを，経過記録や担当者会議の議事録等に記載しておけばよいのではないかと思います。そして，協議の過程で，利用者，その家族としっかりとコミュニケーションを取り，信頼関係を構築できるとなおよいと思います。

7 利用者の転倒事故，診療記録等の開示拒否等について事業所の責任が否定された事案

大阪地判令3・2・17平30（ワ）2943号，令元（ワ）7715号

#診療記録等の開示拒否
#家族のDⅴ

事案の概要

　本事案は，転倒事故により死亡したＢの夫および子が，Ｂが通院していた病院（以下「被告病院」といいます）と医師および利用していた訪問看護事業所を営む株式会社（以下「被告会社」といいます）とその代表取締役を被告として，被告らがＢの骨折を見落としたこと，被告らがＢに適切な精神疾患治療を行わなかったこと，診療記録等への虚偽記載や開示拒否などによる不法行為または債務不履行に基づき，損害賠償を求めた事案です。

　本事案では，被告病院と医師に対して，一部の損害賠償責任が認められましたが，被告会社とその代表取締役には責任は認められませんでした。

1　本事案の整理

　本事案では，Ｂは原告の１人（夫）からのDVに起因してうつ病やPTSDに罹患しており，その結果，自分の身体の状況等をうまく伝えられない状態にありました。その中で，転倒し骨折をしたものの，うまくその状況を伝えられなかったことも相まって発見が遅れ，その後死亡するに至りました。

　大まかな流れとしては，以下のとおりです。

Bが在宅で，被告会社の訪問看護を受けながら，被告病院へ通院
↓
Bが転倒し，痛みを訴える
↓
被告病院を受診し，医師が診察したが異常がない旨の診断
↓
他の病院で左大腿骨転子部骨折の診断がされ入院
↓
約2カ月後に死亡

　このような中で，被告病院および医師に対しては，これらの精神疾患の治療を早期に受けさせ，さらには骨折に速やかに気がついて治療するという義務を怠ったとして，注意義務違反が認められましたが，問題は，被告会社の代表取締役が看護師であり，看護記録の中に，足の痛み等の訴えについて自らの意見（精神科を受診したくないための詐病である）などと書いていたことでした。原告らは，このような被告会社の代表取締役による行為によってBの骨折の発見が遅れたとして，注意義務違反を主張したのです。

　また，被告会社は，Bの死亡後，原告らから訪問看護記録の開示を求められた際，これを開示しませんでした。この点についても，原告らは，被告会社が個人情報開示義務に違反したとして損害賠償を請求していました。

2　裁判所の判断

　結論として裁判所は，原告らによる義務違反の主張をいずれも否定しました。

　具体的には，被告会社の看護記録には，訪問時点でのBの状況，左下肢（骨折部）の痛みの訴えの内容や程度，トイレまたは朝食介助の過程におけるBの

言動等が個別具体的に記載されており，そのことから，被告会社が果たすべき報告等の義務について違反はなかったと認定しました。そして，被告会社の代表取締役が，看護師として「詐病ではないか」などとの見立てを述べたことに対しては，そもそも看護師の見立てに対して医師が拘束されることはなく，むしろ必要に応じて医師のほうで再評するべきものであるので，それによって被告会社が責任を負うものではないと判断されました。

　そして，被告会社が訪問看護記録を開示しなかったことに関しては，原告らが訪問看護記録の開示を求めたのはBの死亡後であったところ，被告会社はBが死亡した事実を客観的な証拠をもって把握しておらず，Bが原告らの1人（夫）からDVを受けていたという事情もあったことから，開示に応じなかったとしても直ちに不合理ではないし，そもそもBに係る訪問看護記録が個人情報保護法27条（当時は28条）に基づいて原告らが開示を請求することができる「保有個人データ」に該当しないとして，被告会社の義務違反を認めませんでした。

3　実務上のポイント

　本事案は，損害賠償等を請求している利用者の相続人が，利用者へのDVなどの問題を抱えていたという特殊な事案ですが，この事案のように，利用者家族への対応に悩むことは多々あると思います。今回，法的な責任は否定されましたが，利用者やその家族とのトラブルを回避する観点から施設経営の問題として見た場合には，例えば，Bの主張を聞いてもっと早く検査をしたり，訪問看護の看護師と医師とのやりとりの中でBの症状等をもっと早く察知したりすることで，最悪の結果となることを防ぐことができたかもしれません。

　本事案を法的な責任が否定された事案として位置づけるだけでなく，困難な状況に置かれた利用者の生命身体を保護するためには，病院，介護事業所，行政，警察など，様々な機関の連携が重要となることを改めて実感する事例として，今後の運営に役立ててください。

8　老人ホームの利用契約解除後に施設利用料の2倍を遅延損害金とする合意について有効とされた事案

東京地判令3・7・8平31（ワ）1474号

#利用契約解除
#カスタマーハラスメント

事案の概要

　本事案は，原告が経営する老人ホームに入居していた被告の母を，被告が老人ホームの利用契約解除後も老人ホームから退去させなかったとして，老人ホーム利用契約解除後の施設利用料を2倍とする合意に基づき，原告が被告に対して倍額分の施設利用料を請求した事案です。

　この事案では，大きくは

① 　被告の母と原告との間の老人ホーム利用契約解除の有効性
② 　利用契約解除後に施設利用料を2倍とする合意の有効性

の2つが争点となり，裁判所は，結論としていずれも有効であると認めています。

　近年深刻化している介護現場でのカスタマーハラスメント対応に関して，非常に参考となる判断がされています。

1　本事案の内容

（1）　被告の言動

　本事案では，利用者である被告の母は認知症であり，意思能力がない状態であって，老人ホームの利用に特段問題はありませんでした。

　しかしながら，被告には，被告の母の利用に関して以下のような言動が見られました。

- 被告から原告の職員に対して「馬鹿野郎」「お前なんかやめちまえ」「○○なのに，何の提案もできないナースは辞めろ，いる意味がない」「あんなくそナース，辞めちまえ」「あんなのクビだろ」「俺が指示しなきゃなんの提案もできない施設か」「医師の指示，医師の指示って，何もしねえ○○かよ」「夜間ほぼほぼ何もやってねえよ」「何が忙しいだよ，ほんと酷い施設だな」「刑事裁判を起こす」「裁判の勝ち負けが問題ではなく，訴えを起こすことが大切」「看護職員より免許を奪う方法はあるのか」「ここを出ていく時はスタッフを個人名で訴える」などの暴言，脅迫があったこと
- ホーム長を「エンドウ豆，チビ」その他の職員を「デブ」や「ハゲ」などと，人格否定や侮辱等の意味合いを持つ呼び方をしていたこと
- 被告が被告の母の経管栄養の滴下速度を被告の考えで変更することや，原告の職員に対し，立位を伴う排せつ介助を強要すること，主治医による臨時往診，定期往診をキャンセルすることなどを止めるように強く求めたこと。

（2）　原告の対応

　原告では，原告のホーム長が被告のこのような言動を記録した上で，9回以上にわたって被告の言動を具体的に指摘の上，言動の改善を求める旨の書面を送付していました。

　しかしながら，被告の言動が改善されることはなかったため，原告は，被告

の母と原告との間の利用契約を即時解除しました。

　もっとも，これに対して被告は，利用契約の解除の効力を争い，被告の母の退去を拒み続けました。その後，被告の母が入院のため原告のホームを退去したため，これによって事実上被告の母の退去が完了しました。

2　裁判所の判断

（1）　被告の母と原告の間の老人ホーム利用契約解除の有効性

　被告は，本件に関し，上記1（1）の言動を行ったことを否定していました。

　しかしながら，裁判所は，原告が履践した（2）のプロセスから，被告のこれらの行為をすべて認定しました。

　具体的には，原告のホーム長がつけていた記録は被告の原告の職員に対する言動等を詳細に記録しており，その記載内容や体裁から，少なくともその大半は，記載された出来事が起きた都度，記録されたものであると判断されました。

　さらに，原告から被告に対して9度書面を送付したことについて，仮に被告による暴言，脅迫がなかったのであれば，わざわざ原告の職員らが被告による言動を創作して被告に対して被告の言動の改善を繰り返し求める理由も必要性もないと判断し，原告が主張する被告の言動を認定しました。

　これらの被告の言動により，本件の即時解約は有効であると認定されました。

（2）　利用契約解除後に施設利用料を2倍とする合意の有効性

　原告の利用契約では，原告側から解除をした場合には，本件契約が終了した日の翌日から本件居室の明渡日までの施設利用料として，本件契約継続中の施設利用料の2倍を支払う旨の規定がありました。

　被告は，この規定が消費者契約法10条1項に反して，消費者の利益を一方的に害するものであるとして無効であると主張していましたが，裁判所は，この規定の趣旨を，本件契約が終了しているにもかかわらず，利用者が当該契約の

目的である居室を明け渡さないためにその使用収益を行えない場合に適用が予定されている条項であって，本件契約終了後における居室の円滑な明渡しを促進し，また，明渡しの遅延によって原告に発生する損害を一定の限度で補填する機能を有するものとし，その賠償予定額はこれらの目的に照らして均衡を失するほどに高額なものではないため，消費者契約法10条1項には反しない旨判断しました。

3　実務上のポイント

　本件では，特に利用契約の解除について，カスタマーハラスメントへの対策として非常に参考になるポイントがあります。

　まず，上記1でも触れたとおり，原告は相手方によるカスタマーハラスメントについて，記録をとるだけではなく，相手方に対してこれらの事情を記載した書面を繰り返し交付しており，録音や動画がない本件において，裁判所による認定に大きく役立ちました。録音等が難しい中でも，このような工夫によりカスタマーハラスメントを証明することができることを示した点には，非常に意義があります。

　これに加えて原告は，利用契約書の中で，利用者だけではなく利用者の家族や関係者を含む行為者の行為を禁止し，さらにはその行為の内容を広く捉えていました。具体的には，以下のような規定を置いていました。

　利用者，保証人及び利用者の家族その他の家計者は，本件ホームの利用に当たり本件ホーム又はその敷地内において次に掲げる行為を行うことはできない（本件契約第14条）。

　⑩号　他の利用者の生活や原告による他の利用者に対するサービスの提供に著しく悪影響を及ぼす言動

　⑪号　他の利用者又は原告の従業員の心身又は生命に危害を及ぼす行為

> ⑫号　本件ホーム又は本件ホームの周辺において，著しく粗野もしくは乱暴な
> 　　言動を行い，又は威勢を示すことにより，他の利用者，付近の住民，通
> 　　行人又は原告の従業員に不安を覚えさせる行為

　これは契約書策定にあたって重要な点であり，通常の契約書では，利用者の行為を禁止する旨の規定はあっても，必ずしも関係者の行為について規制しておらず，形式的に見れば解除事由を満たさない場合があります。

　このような状況とならないよう，事前に解除事由を広く定めておくことは非常に重要であり，事業所を守ることにもつながります。

　本事案においては，上記3のような原告の明確な規定ぶりを行うという姿勢が，契約解除後の賠償に係る条項の有効性にも影響を与えたと考えられます。

　カスタマーハラスメントは，職員やその他の利用者など多くの人たちに多大な悪影響を及ぼします。事業所としてはこのことをしっかりと肝に銘じ，カスタマーハラスメントに対しては毅然とした対応を心がけましょう。

9 利用者家族が他の家族との面会を拒絶するよう施設に要望したことについて違法性が否定された事案

東京地判令3・2・15平30（ワ）36742号

#面会拒絶

事案の概要

　本事案は，介護施設に入所している母Aの子であるYらが，当該介護施設に対して，Aとその長男Xが面会することを拒絶するように要望したことについて，Xが，母Aとの面会を妨害されたとして，Yらに損害賠償を求めた事案です。

1　本事案の意義

　本事案は，実際に面会が拒絶されたわけではなく，Yらによる要望自体が不当であるとして争われた事案です。当事者は兄弟であるXとYらであり，介護施設は当事者になっていません。

　しかしながら，実際には，介護施設では，キーパーソンから，特定の親族に会わせないでほしい，特定の親族に入居者の情報を伝えないでほしいという要望を受け，板挟みになることがあることから，他人事ではありません。

　以下では本事案を参考に，面会拒絶が希望されている親族が実際に施設に来

て，拒絶するかどうかを検討しなければならない場面まで掘り下げて検討します。

2　裁判所の判断のポイント（面会拒絶）

　Xは，「母に会いたいというXの法的な保護に値する利益を侵害し，社会的相当性を逸脱するものである」と主張しました。

　しかしながら，本判決では，「母に会いたい」という想いが法的保護に値するものであるのかについては判断されませんでした。この点は，様々な場面で問題になることがあるため，判断がされた場合には非常に参考になりましたが，判断されず残念でした。

　本判決ではXの請求は認められませんでしたが，その理由として以下のように述べられています。

　まず，本事案においては，Yらは介護施設に対して，Xからの面会申入れを拒むことを強制する権限を有していません。したがって，Yらは施設に対して，Xからの面会申入れを拒むよう任意に申入れを行っていたにすぎません。

　また，介護施設に入所する親族について，当該親族を保護するなどを目的として，介護施設に一定の要望を伝えることは社会的に許容されることです。本事例では，XがAが施設に入所するにあたり非協力的な態度を取ったことが起因となっており，YらがXによる面会申入れを拒絶するように求めたことは，Aを保護する目的であったといえます。

　これらの観点から，Yらの行為に違法性があるとは認められないと判断しました。

3　実務上のポイント

　本事案では，介護施設が当事者となっておらず，介護施設の責任は論じられていません。以下では，介護施設が入居者の親族から上記のような申入れを受

けた場合の対応について検討します。

（1）　面会拒絶

　まず，入居者の親族からのこのような申入れがあった場合，施設は応じなければならないのでしょうか。このような申入れは，法的にはどのように評価すべきでしょうか。

　介護施設との入居契約は，基本的には介護施設を運営する法人と入居者の間の契約であって，入居者の親族は入居契約の当事者ではありません。

　したがって，本判決の指摘するように，入居者の親族からの申入れはあくまで任意のお願いであって，介護施設側が特別に承諾しない限りは，応じる法的義務は生じないと考えるべきでしょう。

　とはいえ，キーパーソンである親族の要望を無下に断ることは，信頼関係の構築という点では問題のある対応です。そこで，介護施設としては，「お約束はできませんが，できる限り対応します」という程度の対応をしておくことが穏当でしょう。

　では，実際にXが施設を訪れて面会を申し入れたのに対し，介護施設がこれを拒むことができるのでしょうか。

　本判決を参考にすれば，施設側が面会を拒む場合においても，いわば施設からのお願いとして任意に面会の拒絶を申し入れるということは当然可能ですし，不法行為が成立する余地は非常に少ないのではないかと思います。

　そして，面会希望者が任意の拒絶に応じなかった場合であっても，基本的には，面会を拒絶してよいと考えています。その理由は以下のとおりです。

　このような問題について違法性を判断する際には，面会を求める親族の利益，施設の運営の必要性・合理性，入居者・従業員の安全性などを比較衡量し，どの利益が優先するのかという観点から判断することが一般的です。

　一部の親族が入居者と特定の親族との面会を拒んでほしいと申入れする場合，親族間に何らかの紛争が生じていることが容易に推測できます。そのため，面会を拒絶すべきとされる親族が介護施設に訪れた場合，入居者や介護施設の従

業員を巻き込んだ騒動に発展する可能性があります。介護施設としては，入居者やその従業員に対して安全配慮義務を負っていますので，紛争の火種のある親族の面会を拒絶することに十分合理性は認められます。

　また，介護施設は施設の管理権限を有していますので，その観点からも騒動の可能性がある親族の面会を拒絶することに合理性が認められます。

　以上のことから，入居者の親族から他の親族と入居者の面会を拒絶するよう求められた場合には，基本的には，介護施設は当該親族との面会を拒んでもよいと考えます。仮に，介護施設側が面会を拒んでも，退去しなかったり，施設内に押し入ってきたりするなどの場合には，警察に通報して対応を求めましょう。警察に事前相談をしていれば，いざという時に警察の対応がスムーズになります。実際に，他の親族が施設に来る可能性があり，トラブルに発展することがある程度予見できる場合には，警察へ事前相談するようにしましょう。

（2）　家族代表者の設定

　上記のように，介護施設が面会を拒絶することが法的に問題ないとしても，面会を拒絶することは紛争の火種になることは間違いありません。そこで，そのような紛争を減らすためのノウハウをご紹介します。

　介護施設では，一般的にキーパーソンを設定することが多いかと思います。窓口を一本化する観点からも，基本的にはキーパーソンの要望に応じることで問題はありません。そのことをより明確にするために，キーパーソンに契約書や重要事項説明書に「家族代表者」として署名等をしてもらうことが推奨されます。このように記載することによって，「家族代表者からお聞きしています」「家族代表者にお伝えしました」という説明ができるようになります。その結果，窓口はキーパーソンに一本化でき，「親族間のもめごとについては，施設は関与しません」「もめごとは，親族間で解決してから連絡してください」というメッセージを示すことも可能になります。

　では，キーパーソンが面会を拒絶してほしいと求める親族から施設に対して面会の申入れがあった場合，施設としてどのように対応すべきでしょうか。

　もちろんケースバイケースですが，基本的には，「当施設では，キーパーソンから，面会拒絶の要望が出されている方と入居者との面会は，施設管理上の問題からお断りしています。一度キーパーソンとお話をされてみてください」と回答すべきかと思います。そして，キーパーソンから要望を受けた際に，このような対応をしますと伝えておくと，当該親族からキーパーソンに連絡が入ったとしても混乱することなく対応できるはずですし，このような対応について施設側が咎められることも少なくなるはずです。

　キーパーソンから面会を拒絶してほしいという要望を受けた場合には，上記の対応を実践してみてください。また，施設での対応が難しい場合は，すぐに介護事業に詳しい弁護士に相談しましょう。

10 介護保険負担限度額認定制度の説明について老人保健施設のケアマネジャーの説明義務が否定された事案

東京地判令3・3・12令2（ワ）18509号

#説明義務違反

事案の概要

　本事例は，老人保健施設のケアマネジャーが，入居者に対して，負担額軽減の公的制度である介護保険負担限度額認定制度の説明を怠ったとして，当該入居者が，老人保健施設を運営する医療法人に対し，説明義務違反を理由とし，負担額軽減により本来支払う必要のなかった費用の賠償を求めた事案です。

　介護保険負担限度額認定制度とは，収入や資産などの一定の要件を満たす場合に，介護保険外のサービスの自己負担額を軽減する制度です。

　裁判所は，結論として説明義務違反を否定した上，当該入居者の請求をすべて棄却しました。

1　裁判所の判断のポイント

　本事例では，入居者が老人保健施設に費用負担について相談していたことが認められており，入居者側からは，施設として相談をされている以上，本件制度を勧める義務があったのではないかという主張がなされていました。

　しかしながら，本事例において裁判所は，老人保健施設に勤務するケアマネジャーには，老人保健施設の入居者に対して介護保険負担限度額認定制度（以下「本件制度」といいます）の説明をする法的義務はないと判断しました。その理由は以下のとおりです。

　まず，本件制度は，認定希望者が各市区町村の窓口に申請し，申請を受けた各市区町村が認定をするという制度です。そのため，ケアマネジャーはこの手続に関与しませんし，入居者と老人保健施設との契約の内容にも影響を及ぼすものではありません。このような構造からすれば，入居者と老人保健施設の情報の偏在が問題となる場面ではなく，消費者契約法の趣旨が妥当する場面ではありません。

　また，介護保険法96条1項は，介護老人保健施設の開設者は，「常に介護保険施設サービスを受ける者の立場に立ってこれを提供するように努めなければならない」と定めていますが，これは，介護老人保健施設の設備，運営等について定めたものであって，他の介護支援専門の各規定に照らしても本件制度の説明義務を基礎づけるものではないと判断しました。

2　実務上のポイント

　本事例では，老人保健施設のケアマネジャーは，入居者に対して本件制度の説明をする義務を負わないという結論でした。

　しかしながら，本事例から学んでほしい点は，「説明をしなくてもよい」ということではありません。むしろ，ケアマネジャーが関与しない制度や手続について，説明を受けなかったことを理由に裁判にまで発展するケースが存在するということを認識していただきたいです。

　ケアマネジャーの業務が多忙であることは重々理解していますが，制度を説明する法的義務がなかったとしても，説明するほうが丁寧なのは間違いありません。制度の詳細まで説明する必要はないと思いますが，可能な限り制度の概要の説明をしたり，役所のどの窓口に問い合わせをすればよいのかを伝えたり

することができるようにはしておくべきではないでしょうか。

　ただし，サービスとしていろいろな情報提供をするという発想自体は非常に好ましいことですが，だからといって無責任な情報提供も問題です。法的に説明義務がない事柄であっても，例えば行政窓口への問い合わせを引き受けてしまうと，その引受行為を根拠として，問い合わせをする義務が生じたり，申請への協力義務が生じたりする可能性があります。このような観点に配慮した上で，スムーズに行政窓口に誘導するようにしましょう。利用者やその家族と行政窓口が直接つながるところまで誘導すれば，ケアマネジャーの支援としては十分だと思います。

第 2 章

職員とのあれこれ

介護事業所の運営は，当然，職員がいなければ成り立ちません。そして，雇用契約が存在すれば，もちろん労務問題も発生します。

賃金の未払い，問題のある職員への配置転換命令，解雇，さらに，近年はメンタルヘルス不調による休職やこれによる労災申請，安全配慮義務違反に基づく損害賠償の請求なども，非常に相談件数が増えています。

職員との関係を良好に保つことは，介護事業所を安定的に運営するために必須の条件であり，事業所と職員との間，さらには職員間での問題を抱えた職場では，ハラスメントや虐待問題などが横行しやすい傾向もあります。

第2章では，事業所と職員との間で発生した紛争のうち，訴訟化した様々な裁判とその結果について解説します。

1　無効な配置転換命令違反に基づく解雇について解雇が無効とされた事案

大阪地決令3・2・12令2（ヨ）10018号

#配置転換命令　#解雇

事案の概要

　本事案は，配置転換命令に応じなかったことを理由に普通解雇されたXが，会社Y（居宅介護事業等を主な業とする株式会社）に対して，同解雇が無効であるとして，①労働契約上の権利を有する地位にあることを仮に定めること，②賃金の仮払い，③配転命令先に勤務する労働契約上の義務がないことを仮に定めることを求めた事案です。裁判所は，配転命令は業務上の必要性がなくそもそも違法であり，このような配転命令の拒否に基づいてされた解雇は無効とした上で，賃金の仮払いを認め，その他の請求については保全の必要性がないとして否定しました。

1　裁判所の判断（配転命令の有効性）

　裁判所は東亜ペイント事件（最判昭61・7・14労判477号6頁）を引用し，まず，使用者は業務上の必要に応じ，その裁量により労働者の勤務場所を決定できることを明示しました。

　しかしながら，転居を伴う転勤は一般に労働者の生活環境に少なからぬ影響

を与えるため，使用者の配転命令権は無制約に行使することができるものではなく，これを濫用することは許されないとし，以下のような場合には，人事権の濫用になると判断しました。

---

① 配転命令に業務上の必要性がない場合
② 業務上の必要性がある場合でも，当該転勤命令が，他の不当な動機・目的を持ってなされたものであるときもしくは労働者に対し通常感受すべき程度を著しく超える不利益を負わせるものであるとき等，特段の事情がある場合

---

2 裁判所の判断のポイント

　裁判所は，会社Yの主張する業務上の必要性について，これを客観的に裏づける疎明資料がないとして，業務上の必要性を否定しました。

(1) 業務上の必要性

　具体的には，会社Yは，転勤先であった施設で印鑑の不正所持，ケアマネジャーが多数にわたって介護保険に定められたルールを逸脱して居宅サービス計画書の作成等を行っていたという重大な不正行為の発覚から，人員配置を見直すために転勤命令を出した旨主張していました。

　しかしながら，実際には，この問題が発覚したのは別の事業所であり，さらにこの問題への対応として他に取られた対策の痕跡もなく，定期的な人事異動すらもしていませんでした。

　さらに，会社Yが転勤命令を出したのは，Xから，労働者の同意なく就業規則の変更をしたことを問題視するメールを受信した約1カ月後でした。

　そのため，裁判所としては，会社YはXに対して，業務上の必要性からではなく報復等の他の目的を理由として配転命令を出したとして，配転命令を無効としたのです。

　なお，本件のように，業務上の必要性が存在しない（他に不当な動機や目的
がある）として配転命令が違法となった事案としては，圓満院事件（大津地判
令元・10・3労判1222号87頁）も参考になります。

（2）　労働者側の事情

　なお，本事案では，業務上の必要性の点のみで判断をしていることから，労
働者側の事情については特に認定されていません。

　会社Yは，今回の転勤が大阪から岡山への転居を伴う転勤であったこと，X
が母子家庭であり，さらに次女の転校を伴うなどの事情があったことに対して，
引っ越し費用の支出や転勤時期の配慮などをした旨主張していましたが，そも
そも業務上の必要性が脆弱であり，全く考慮されなかったのです。

3　実務上のポイント

　本事案の問題は，次の2点に集約されます。

　まず1つ目は，会社の主張を前提とした場合，会社側としてその配置転換の
必要性を示すことができていない点です。

　具体的には，会社は業務上の必要性として，余剰人員と長年の業務による緊
張感が欠けた施設の職員間の関係性の問題を解消するため，という目的を説明
していましたが，これを一応にでも裏づけるような証拠すらない状況でした。

　会社として，業務上の必要性を主張するのであれば，そのような業務上の必
要性が発生した契機，その際の根拠資料等をしっかりと残し，説明できるよう
にしておく必要があります。特に，今回のような大阪から岡山という府県を跨
いでの配置転換においては，従業員の理解を得ることが最重要であり，そのた
めには，まずは当該従業員に対して配置転換の業務上の必要性をしっかり説明
しなければなりません。

　会社側は，配置転換をすることを前提に，引っ越し等に関する援助を申し出
ていた旨主張していましたが，その点をいくら充実させても，「厄介者を遠く

に飛ばしたい」という意図が消えることはありません。

　会社としては，配置転換にあたっては，業務上の必要性を明確に，かつ根拠を持って説明できるようにしておきましょう。

　次に2つ目は，仮にXに問題があったことが理由の配置転換であるとした場合，適切なプロセスが踏めていないという点です。

　本件では，XはYに対して，労働者の同意なく就業規則の変更をしたことを問題視するメールを送信しています。仮に，Xの主張が荒唐無稽であり，会社が説明をしているにもかかわらず，誤った解釈を執拗に主張してきていたような場合，このような行為自体はXへの注意指導の対象となりますし，場合によっては戒告等の懲戒処分の対象ともなり得ます。

　それであれば，会社としては，説明，注意指導，懲戒処分という確実なプロセスを踏みながら，Xの処遇を検討する必要がありました。このようなプロセスを踏む中で，もし，Xの態度が現在の職場で悪影響を及ぼしているような場合であれば，今回のような配置転換も有効になり得たかもしれません。

　しかしながら，本件ではそのようなプロセスが踏まれた跡はなく，そもそもXの言動に問題があったかどうかについても判然としません。そもそも会社は，配置転換の目的を他の業務上の必要性と主張していたため，もちろんこの点について判断はされていませんが，少なくとも本件の事実関係で配置転換が有効になることはないでしょう。

　この2つはいずれも，本音と建前が食い違っていることに原因があります。

　会社としては，その外見や建前ではなく，その実態や本音に沿った検討やプロセスをとることが求められるのです。

2　無効な配置転換命令に付随する一連の嫌がらせ行為について不法行為責任が肯定された事案

札幌地判令3・7・16令元（ワ）1172号

#配置転換命令　#嫌がらせ行為
#不法行為該当性

事案の概要

　本事案は，介護老人保健施設等を営む医療法人社団であるＹが，労働組合に加入するＸに対して，いわゆる「追い出し部屋」での勤務を指示するなど，業務上の必要性がないにもかかわらず，Ｘを退職に追い込むという不当な動機・目的で狙い撃ち的に行った配置転換命令が無効であり，これに付随する一連の嫌がらせ行為が不法行為に該当すると判断された事案です。

1　裁判所の判断のポイント

（1）　配置転換命令の適法性

①　判断基準

　本判決は，配置転換命令の適法性の判断基準について，配置転換命令に業務上の必要性が存在しない場合，または，業務上の必要性が存在するにしても，

当該配置転換命令が不当な動機や目的を持ってなされたり，職員に通常甘受すべき程度を著しく超える不利益を負わせるものであったりするなど，特段の事情がある場合には，その権限の行使は権利の濫用に該当し，当該配置転換命令は無効となるものというべきであるとし，東亜ペイント事件（最判昭61・7・14集民148号281頁）の規範に則して判断することを明示しました。

②　業務上の必要性

　本事案では，介護職員としてXが所属していたデイケア部門の休止に伴い，Xを「庶務課」に異動させたこと（以下「第1配転命令」といいます）が発端となっています。その後，Yは，デイケア部門を再開するとして関係者に通知しましたが，Xに対して，デイケア部門ではなく入所部門への異動を命じました（以下「第3配転命令」といいます。なお，第3配転命令に先立ってなされた第2配転命令は，第3配転命令に伴い撤回されています）。これに対し，Xは，デイケア部門への異動を申し出ましたが，Yはこれを拒否しました。

　本事案では，第3配転命令の有効性が争点になっています。裁判所は，第3配転命令の業務上の必要性について，デイケア部門の再開を対外的に公表している状況において，採用以来デイケア部門で勤務を続けていたXを「庶務課」から介護現場に戻すに際し，あえてデイケア部門ではなく入所部門に配属させる業務上の必要性は見当たらないとして，業務上の必要性を否定しました。

③　不当な動機・目的

　本事案において，Xは，第3配転命令は，権利の濫用に当たる不合理な第1配転命令から相次いで出された配置転換命令の一環であり，原告を退職に追い込む等の不当な動機・目的によってされたものであると主張していました。そこで，裁判所は，不当な動機・目的の有無を判断するにあたり，まず第1配転命令の有効性について検討しました。

　裁判所は，第1配転命令について，デイケア部門の休止に伴いXを他部署に異動させること自体は不合理ではないとしました。しかしながら，Xの異動先

である「庶務課」は，第1配転命令の時点までは存在していない部署であり，Yは，庶務課をYの施設内に設置せず，わざわざアパートの居室（以下「本件居室」といいます）を新たに賃借して事務室とした上で，合計3台もの監視カメラを設置し，居室の内側を撮影していました。このような状況からすれば，YはXを施設から隔離し，監視カメラの設置された異様な環境で孤立させ，あえてそのような場で行う必要がないような業務を行わせることでXに精神的苦痛を与え，あるいはXを退職に追い込むといった不当な動機・目的によって第1配転命令を行ったのではないかと推認せざるを得ないと判断しました。

　その上で，裁判所は，第1配転命令が不当な動機・目的によって行われたものである以上，これに引き続いて行われた第2配転命令および第3配転命令もまた，不当な動機・目的によって行われたものではないかと疑わざるを得ないと判断し，第3配転命令は無効であると判断しました。

④　裁判所の判断に対する考察

　本事案では，Xの問題行動等については特段認定されていませんが，Xが労働組合に加入し団体交渉を行っていたことが発端になっているのではないかと思います。団体交渉権は憲法上保証されている権利であり，労働組合法が定める不当労働行為に該当しないとして，組合員に対する嫌がらせ行為は，裁判所に厳しく判断されます。

　そして，本事案では，いわゆる「追い出し部屋」に配置転換をしたり，Xがデイケア部門への復帰を希望しているにもかかわらず特段の理由なくデイケア部門以外への配置をするなど，積極的にXへ嫌がらせをする目的が透けて見える状況でした。

　このような目的に対して裁判所は敏感ですので，第3配転命令は不当な動機・目的があるとして無効と判断されるべき命令であったと考えます。

（2）　不法行為該当性

①　裁判所の判断

　裁判所は，第1配転命令およびこれによる本件居室での業務の指示は，およそ使用者が労働者に対して行う正当なものとはいい難く，違法なものであると言わざるを得ないとして，第1配転命令をはじめとするYのXに対する一連の行為について不法行為の成立を認め，慰謝料としては100万円の損害を認めました。

②　裁判所の判断に対する考察

　裁判所も指摘するとおり，いわゆる「追い出し部屋」での業務を指示することは，単なる嫌がらせにすぎず，「およそ使用者が労働者に対して行う正当なものとはいい難」い不当な仕打ちです。一般的に，使用者の不当な配置転換命令を理由とする不法行為で，慰謝料の金額が100万円というのは高額な部類に入ると思いますが，本事案においては相当な金額だと考えます。

2　実務上のポイント

（1）　はじめに

　配置転換については，使用者側に広範な配置転換命令権が与えられており，法令や契約による制約がない場合には，権利濫用とならない限りは有効となるものです。しかし，本事案では，法令や契約による制約がないにもかかわらず，不当な動機・目的でなされたものであるとして配置転換命令が無効になっています。

　以下では，配置転換命令が無効にならないようにするため，使用者側でどのような配慮をする必要があるのかについて検討します。

（2）　配置転換命令をする際の視点

　上記事案の判断において参照された東亜ペイント事件の規範によると，配置転換命令の有効性を判断するための視点は大きく分けて，①業務上の必要性の有無，②不当な動機・目的の有無，③労働者の受ける不利益の程度です。

　企業においては，様々な事情から労働者が不利益を受けるような配置転換命令を出す必要がある場合があり，不当な動機・目的があると誤解されたりすることにより，配置転換命令の有効性が争われることがあります。その際，意識すべきは，客観的な業務上の必要性をどれほど具体的かつ説得的に説明することができるかという点です。業務上の必要性が高く，具体的であればあるほど，当然，配置転換命令が有効となる可能性は高くなります。他方で，業務上の必要性が低く，抽象的であれば，不当な動機・目的が透けて見える可能性が高くなってしまいます。したがって，配置転換命令を出す際には，第三者が客観的に見て，具体的な業務上の必要性があり，その必要性が高いものであると判断される程度に説明ができるかを検討すべきです。逆に，抽象的で，容易に反論可能な程度の業務上の必要性しかないのであれば，その配置転換命令は踏みとどまるべきでしょう。

3 有効な配置転換命令の拒絶と安全配慮義務違反に基づく損害賠償請求について職員の請求が否定された事案

大阪地判令3・7・16平30（ワ）293号，平30（ワ）6439号

#配置転換命令
#安全配慮義務違反

事案の概要

　本事案は，社会福祉法人Ｙの職員用保育所に保育士として勤務していたＸについて，当該保育所が外部業者に委託されることになったことに伴い，Ｘの処遇をどうするかについてＸとＹが対立したという事案です。

　ＸはＹに対し，委託業者への出向を求めましたが，Ｙはこれを拒絶し，ＸにＹのデイサービスへの配置転換を命じました。Ｘはこれに応じず，メンタルヘルス不調を理由に欠勤を続けたため，ＹはＸに対して休職命令を出し，休職期間満了により自然退職の手続をしました。

　ＸはＹに対し，雇用契約上の地位にあること，デイサービスセンターに勤務する雇用契約上の義務がないことの確認の他，安全配慮義務違反に基づく損害賠償を求めましたが，いずれの請求も棄却されました。

1　裁判所の判断

（1）　雇用契約上の地位

　本事案において，Ｘは，Ｘの精神障害の発症や悪化の原因はＹにおける業務に起因するものであるとして，自然退職の効果は生じず，雇用契約上の地位が残っていると主張しました。

　裁判所は，厚生労働省の「心理的負荷による精神障害の認定基準について」（平成23年12月26日付け基発1226第 1 号厚生労働省労働基準局長通達）について，裁判所を法的に拘束するものではないものの，医学的専門的知見を踏まえて策定されたものであって，合理性を有するものといえるとし，精神障害に係る業務起因性の有無について，同認定基準の内容を参考にしつつ，個別具体的な事情を総合的に考慮して判断すべきと指摘しました。なお，同認定基準においては，精神障害の悪化については，別紙 1 の「特別な出来事」に該当する出来事がなければ業務起因性は認められていないとされています。

　その上で，Ｘが精神障害を発症した時期以前と，発症から精神障害が悪化したとされる期間の出来事について検討しています。前者については社会通念上，客観的に見て，強い心理的負荷を生じさせるものであったとは認められないとして，後者についても，「特別な出来事」に該当しないどころか，強い心理的負荷すら生じさせないとして，Ｘの精神障害の発症や悪化について業務起因性は認められないと判断しました。

　その結果，Ｘは，休職期間満了により退職して雇用関係上の地位がないことになるため，配置転換命令に基づき勤務する雇用契約上の義務がないことの確認を求める権利はないとして，裁判所は，かかる義務のないことの確認を求める訴えを却下しました。

（2）　安全配慮義務違反

　また，Ｘは，Ｙによるハラスメント行為があったこと，長時間労働があった

ことを理由に安全配慮義務違反による慰謝料も求めました。

　Xは，ハラスメント行為として，人格否定の発言，人事権を背景にした脅迫行為，セクシュアルハラスメント，昇給や賞与に関する嫌がらせなどを主張しました。

　これに対して，裁判所は，①Xの主張する事実を認めず，業務上必要かつ相当な範囲の注意であった，②労働契約法5条および労働施策総合推進法30条の2に定める義務違反があったとはいえない，③不当な差別的取扱い，嫌がらせではないとして，Xの主張を認めませんでした。

　また，長時間労働についても過重労働とはいえず，XがYによる増員の提案を拒絶したためにXの負担が増加したと認定し，労働契約法5条および労働施策総合推進法30条の2に定める義務違反があったとはいえないと判断し，安全配慮義務違反による慰謝料請求を否定しました。

2　裁判所の判断のポイント

　業務起因性については，Xの症状経過を認定した上で，厚生労働省の認定基準に沿って心理的負荷の強度を確認しており，一般的な判断過程と判断内容です。

　また，安全配慮義務違反ついても，Xの問題行動を認定した上で，業務上必要かつ相当な範囲の注意であったことを認定しており，Xの主観は重視されていません。このように，いわゆる客観説の立場から，安全配慮義務違反を検討・判断しており，妥当な判断であると考えます。

3　実務上のポイント

(1)　はじめに

　介護事業所では，コスト削減，業務効率化の観点から，自社の一部門を閉鎖

し，外部の業者に委託することが増えてきています。このような場合，閉鎖される部門で勤務していた従業員の処遇をどうするかが問題となります。

　本事案においても，職員用保育所を閉鎖して外部に委託することになり，同保育所で勤務していた従業員の処遇が問題となりました。

（2）　考えられる対応

　このような従業員に対する対応として考えられる手段としては，以下のものがあります。それぞれ検討してみたいと思います。

---

　①　解雇
　②　外部委託業者への就職斡旋
　③　配置転換

　まず，①解雇ですが，所属部門の閉鎖だけを理由にする解雇は，解雇権濫用法理により無効になる可能性が高いと思います。また，所属部門の閉鎖が不採算部門の整理ということであれば，整理解雇という観点もあるかと思いますが，少なくとも整理解雇の4要件のうち，「解雇回避努力義務の履行」を満たすのは難しいのではないかと思います。したがって，解雇という手段は不適切です。仮に，解雇という手段を取るのであれば専門家への相談は必須です。

　次に，②外部委託業者への就職斡旋ですが，対象の従業員が継続してその部門で勤務したいと希望しているのであれば，外部委託企業に紹介する等の対応はして然るべきだと思います。もっとも，対象の従業員を採用するかどうかは外部委託企業が判断することですので，確実に対象の従業員の希望に沿えるわけでないことは事前に説明すべきでしょう。

　なお，本事案においては，XはYに在籍したまま外部業者への出向を求めましたが（いわゆる在籍出向），裁判所は，「出向という雇用形態は，人的・物的資源を本来の業務に注力することを企図して保育業務の外部委託を決定した趣旨と相容れない」と指摘しています。

　そして，③配置転換ですが，こちらが最も現実的な手段ではないかと思います。対象の従業員に退職の意向がないのであれば，所属部門がなくなるため，配置転換をせざるを得ません。配置転換については，使用者側に大きな裁量があり，原則として有効とされることが多いです。ただし，（ⅰ）職種限定合意があったり，（ⅱ）使用者側の権利濫用と評価されたりする場合には無効となることがあるので注意してください。特に，外部委託ができるような部門は，法人の主要な部門ではないことが多く，職種限定合意がなされている場合があります。配置転換をする場合には，契約内容を確認しましょう。

　なお，配置転換により従前と業務内容が異なれば，それに伴い給与を変更することも可能です。例えば，本事案では，Ｘは，予定している配転先では主任および保育士ではなくなるため，その配転先に配属されれば，主任手当および保育士手当の支給をしなくなると指摘しています。このように，従前の職務・職種に紐づいていた手当については，その職務・職種がなくなれば，手当の支給もなくすことが可能です。

（3）　本事案におけるＹの対応

　本事案において，Ｙは，採用されるかどうかは確約できないもののＸに対して委託先の採用試験を受けるか，配属先は未定であるがＹに在籍して他部署で働くかのどちらを希望するかを確認しており，問題のない対応だった思います。

　本事案におけるＸは，いわゆる問題社員のようでしたので，Ｙとしては，Ｘがこの機会に退職してくれるとよいと考えていたのだと思いますが，直接的に退職を求めることなく，冷静に適切な対応をしている点は評価に値すると思います。

4 退職金の算定について転籍前からの勤続年数による退職金の算定が肯定された事案

東京地判令3・1・18令2（ワ）7977号

#退職金支払請求
#退職金算定

事案の概要

　本事案は，Y法人（高齢者と育児および青少年の社会福祉の増進に寄与することを目的とするとともに，介護保険法に基づく居宅サービス事業・居宅介護支援事業，高齢者の介護福祉増進に関する介護の時間サービス提供事業等を行うほか，会員のための福利厚生施設として保養施設の運営事業を行っている一般社団法人）を退職したXが，退職金の算定根拠となる勤続年数の計算方法に異議があるとして，X主張の勤続年数により計算した退職金を請求した事案です。

　Y法人は，XがY法人で勤務を始めた日を勤続年数の始期としていましたが，Xは，Y法人設立前のa共済会で勤務しており，同会の解散後Yが設立され，Xを含めた同会に勤務していた従業員がYに転籍した，という経緯から，Xがa共済会で勤務を始めた日を勤続年数の始期とすべきである旨主張していました。

　裁判所は，Xがa共済会で勤務を始めた日を退職金の算定根拠となる勤続年数の計算の始期とする合意があったとし，Xの主張を認めています。

1　本事案における退職金の算定根拠

　Y法人には退職金規定があり，退職時の基本月給，勤続年数（期間），退職理由を基に退職金を計算することとなっていました。

　そのため，勤続年数は退職金の額の算定に直結する要素であり，Y法人の主張する退職金とXが主張する退職金の額では，50万円以上の差がありました。

2　裁判所の判断

　原則から見れば，Y法人における退職金の算定における勤続年数は，Y法人に入職した日から計算するのが自然です。

　しかしながら，本件では，XはY法人の経理を担当しており，平成27（2015）年頃からは上司の指示で退職金の計算・支払業務等も担当し，その際，Xと同様の境遇の職員（a共済会からY法人に転籍した職員）については，a共済会在籍期間とY法人在籍期間を通算した勤続年数を前提に退職金額を算定するように指示され，実際そのような算定をしていました。裁判所も，このような事情から，遅くとも平成27（2015）年には，XとY法人との間で，a共済会で勤務を始めた時を勤続年数の計算の始期とする旨の合意があったと判断しました。

　裁判所は合意という形で認定していますが，その背景には，Y法人が自ら決めたはずのルールを捻じ曲げることを許さないという「禁反言」の考え方があることが窺えます。

3　実務上のポイント

　本事案において，なぜ会社が他の職員とXとで別段の取扱いをしたのかについては，事実関係からは判然としません。

　しかしながら，従業員の労働条件，とりわけ，給与や退職金のような金額に直結するような労働条件については，複数解釈が可能な状況のまま放置するこ

とは非常に危険であり，紛争の火種になります。

　少人数からスタートした法人や会社では，当初は従業員との信頼関係もあり，労働条件を柔軟に運用している場合も多いのではないかと思います。しかしながら，事業規模が大きくなり従業員数も増えてくれば，新しい従業員とは，必ずしもこれまでと同様の信頼関係を築けるとは限りませんし，従来から働いている従業員も，環境が変わればその考え方や会社に対する態度も変化していきます。

　労働条件は，会社と従業員との間の最低限の約束事です。この機会に，曖昧になっている労働条件がないかについて，今一度ルールを確認してみましょう。

　なお，本件のような通算処理が法的に認められる場合でも，税務上や行政上，通算処理が認められない場合が懸念されます。このように，労働条件を決定するにあたっては，税理士，社労士，弁護士など，各方面の専門家に相談しながら慎重に決定するようにしましょう。

5 退職金の算定について原告らの退職が「業務上の都合により解雇する場合」であることが否定された事案

東京地判令3・5・19令2（ワ）3040号

#退職金支払請求　#解雇
#自主退職

事案の概要

　本事案は，原告ら16名が，介護保険法に基づく居宅サービス事業を目的とする一般社団法人である被告に対し，雇用契約に基づく未払賃金および未払いの退職金（ただし原告らのうち7名）の支払を請求した事案です。

　裁判所は，未払賃金の額については概ね原告らの主張を認めましたが，退職金の未払いについては否定しました。

1　本事案の争点

　被告の退職金規定によると，退職金の額は，退職時の基本給の額に勤続年数に応じて定めた支給率を乗じた金額とされており，本判決では，具体的な支給率は明らかにされていませんが，退職理由によってこの支給率に差異が設けられていました。

　具体的には，自主退職による場合と「本会が業務上の都合により解雇する場

合」とではこの支給率が異なっていました。

　そのため，原告らは，被告を退職したのは，被告の賃金不払いが理由であり，経営不振で賃金が不払いとなっている以上，本来は整理解雇の措置を取ることが通常であるから，「本会が業務上の都合により解雇する場合」の規定が適用されるべきであると主張していました。

2　裁判所の判断

　本事案では，具体的な事情は明らかではないものの，原告らの退職は自主退職であるとして，被告による退職金の未払いはないと判断しました。

　その上で，実際に未払いとなっている賃金については，支払を命じました。

3　実務上のポイント

　本事案では，原告らと被告との間でどのようなやりとりがあり，原告らがなぜ退職をすることとなったかについては明らかとなっていませんが，職員が会社を辞めるにあたって，それが自主退職であるか解雇であるかについて争いになる場面は多々あります。

　もっとも，本事案では，原告らが「解雇された」ことを主張しているのではなく，あくまで自主退職が被告の事情によるものであると主張していることからすると，原告らが，少なくとも形式的には明確に自主退職の手続をとっていたことが窺え，このことが裁判所の判断に影響を与えていることは間違いありません。

　労働事件においては実態面を見られることが多いものの，本事案からは，少なくとも形式面を確実に整えておくことで，争点を1つ減らすことができる場合があることを知ることができます。

6 割増賃金の計算について計算の基礎に介護職員処遇改善加算金が組み込まれること等が肯定された事案

松山地裁宇和島支部令3・1・22令元（ワ）41号

#未払賃金等請求
#介護職員処遇加算手当
#退職金請求権

事案の概要

　本事案は，被告に雇用され，通所介護施設（デイサービスセンター）で介護士として勤務していた原告らが，被告に対し，未払時間外勤務割増賃金等の支払を請求した事案です。

　争点はいくつかありましたが，主な争点は，①介護職員処遇改善加算金の時間外勤務割増賃金への充当の当否および有無，②年次有給休暇の取得妨害の有無，③退職金請求権の有無の3つであり，裁判所は，①について原告らの請求を認め，②③については原告らの請求を棄却しました。

1　裁判所の判断と実務上のポイント

（1）　介護処遇加算手当の時間外勤務割増賃金への充当の当否および有無

　本事案では，被告は，原告らからの未払時間外勤務割増賃金の請求に対し，介護職員処遇改善加算金を割増賃金として一部支払っている旨主張していました。

　これに対して，裁判所は，時間外勤務割増賃金の支給に介護職員処遇改善加算金を原資とする介護処遇改善手当を充てるのは相当でないとした上で，介護処遇改善手当を時間外勤務割増賃金の算定の基礎に加えて，時間外勤務割増賃金を算出すべきであると判断しました。

①　介護処遇改善加算金の時間外勤務割増賃金への充当

　介護職員処遇改善加算の制度とは，介護サービスに従事する介護職員の処遇，すなわち賃金水準の改善のために，自治体が介護事業者に介護報酬に加算して金員を支給するものです。したがって，介護職員処遇改善加算金は，介護職員に支給される賃金水準を向上（改善）させるために取り扱われる必要があるので，未払時間外勤務割増賃金の支払原資とすることは許されないということになります。

　本来，当然に被告が負担すべき時間外勤務割増賃金へ介護職員処遇改善加算金を充当することは，実質的に被告の負担免れにすぎないため，介護職員処遇改善加算の趣旨に反することになるのです。

②　介護処遇加算手当の扱い

　割増賃金の計算の基礎となる賃金には，労働基準法37条5項と労働基準法施行規則21条により，以下の手当等に当たらない手当がすべて含まれます。

① 家族手当
② 通勤手当
③ 別居手当
④ 子女教育手当
⑤ 住宅手当
⑥ 臨時に支払われた賃金
⑦ １カ月を超える期間ごとに支払われる賃金

　介護処遇加算手当は，これらの手当に含まれないため，当然に時間外勤務割増賃金の算定の基礎に組み込まれます。本判決も，時間外勤務割増賃金の算定の基礎に組み込まれるべきものと認定し，同時にこの部分についても時間外勤務割増賃金の支払を命じました。

（2）　年次有給休暇の取得妨害の有無

　被告では，年次有給休暇を取得することにより，１日当たり1,000円の精勤手当を差し引くこととし，当月に４回以上の年次有給休暇を取得した場合は，精勤手当が０円となる運用がされていました。原告らは，被告のこのような制度が，年次有給休暇の取得を妨害するものであると主張していました。

　しかしながら，裁判所は，結論として年次有給休暇の取得の妨害はないと判断しました。

　その理由としては，精勤手当が０円となることはあっても，さらにそれを超えて基本給が減額されるようなことはなかったこと，被告が設けているこのような制度の趣旨は，被告が運営する通所介護施設等は，従事する従業員の交替勤務の割付け（シフト組み）が人員不足のため窮屈で必ずしも容易でないため，従業員にできる限り多くの日数出勤して業務に従事してもらえるよう，金銭面でのメリットを付与することにあり，その目的には合理性が認められること，減額幅を考えた際，従業員が経済的または心理的な理由で年次有給休暇の取得をためらう蓋然性は小さいことが挙げられています。

　年次有給休暇の取得は従業員の権利ですが，介護施設では人手不足が深刻化しているところが多く，できるだけ多く出勤してほしいと考えるのはやむを得ない部分があります。そのような介護施設にとって，被告のこのような運用は参考になると思います。もっとも，いきすぎた場合には違法となる余地がありますので，運用には注意してください。

（3）　退職金請求権の有無

　原告らは，就職時のハローワークの求人票に退職金を支給する旨記載されていたこと，被告から，就職時に10年以上勤務すれば退職金を支給する旨聞かされていたことなどから，退職金請求権がある旨主張していました。

　しかしながら，裁判所は，原告らの退職金請求権を否定しました。

　その理由としては，被告の就業規則上，従業員の退職金に係る規定は存在せず，一部の例を除いて従業員に退職金を支給した実績もなく，退職金を支給する慣行がなかったことが挙げられています。

　そして，原告らが主張するハローワークの求人票や就職時の説明については，いずれも誤って記載，提示されたものにすぎず，これをもって従業員の退職金支給の慣行があることの裏づけや，退職金支給義務を発生させる事情にはならないと判断したのです。

　退職金請求権は従業員に当然発生するものではなく，本事案では実際に慣行がないことが明らかだったため，退職金請求権は認められませんでした。しかし，本事案とは異なり，もし退職金支払の実績等が何例か存在しているなどの事情が存在していた場合には，求人票の記載や就職時の説明の解釈も変わり，責任を負う可能性は十分あります。

　また，もしこの誤った記載や説明が退職金ではなく給与面等に関する内容であった場合には，たとえそれが誤りであったとしても，労働契約の内容となってしまうことはもちろんあり得ます。

　会社としては，本事案をもって「仮に誤った記載や説明をしていても許されるのか」と考えるのではなく，会社の実態に合うように求人票の内容を見直し，説明内容を統一することを怠ってはいけません。

7 労働者としての地位に基づく未払賃金等請求について理事職にある原告らの請求が肯定された事案

東京地判令3・6・16令2（ワ）25714号

#未払賃金等請求　#理事職
#労働者の地位

事案の概要

　本事案は，原告ら3名が，介護保険法に基づく居宅サービス事業を目的とする一般社団法人である被告との間で，それぞれ労働契約を締結していた旨主張して，被告に対して労働契約に基づく未払賃金等を請求した事案です。

　被告は，原告ら3名のいずれについても，労働者ではなく被告の理事職にあった者であり，さらにその後理事を解任されて報酬請求権を失ったことから，賃金を含め何らの金銭の支払義務がない旨主張していましたが，裁判所は，原告ら3名それぞれと被告との間の労働契約を認め原告ら3名の請求をいずれも認容しました。

1　本件訴訟に至る経緯

　まず，各原告（X1ないしX3）が，本件訴訟に至るまでの経緯は以下のとおりです。

【X1について】

平成9（1997）年11月	被告の前身であるa共済会に入職。
平成20（2008）年12月	被告が一般社団法人化された際に理事に就任。その際，退職金の精算は行われず，被告における職務内容（東京支店長という役職で，推進部において会員募集活動を行う）に変化なし。
平成26（2014）年頃	推進部本部長に昇進。理事の指示に従い業務を行い，タイムカードにより出退勤の管理がされ，勤務時間，休日や有給休暇の取扱いは他の職員と同様。
平成30（2018）年 11月20日	理事解任の議事録作成。
平成31（2019）年1月	「基本給38万円，役職手当6万円」との記載があり，雇用保険料等の控除がされた給与明細書あり。
令和元（2019）年 5月15日	理事辞任登記。

【X2について】

平成13（2001）年1月	被告に入職。
平成26（2014）年12月	理事就任。その際，退職金の精算は行われず，被告における職務内容（関西支店長という役職で，推進部において会員募集活動を行う）に変化なし。
平成27（2015）年6月	東京へ転勤し，企画部長として新規事業の立案に関わる。理事の指示に従って業務を行い，タイムカードにより出退勤の管理がされ，勤務時間，休日や有給休暇の取扱いは他の職員と同様。
平成30（2018）年 11月20日	理事解任の議事録作成。
平成31（2019）年1月	「基本給38万円，役職手当6万円」との記載があり，雇用保険料等の控除がされた給与明細書あり。
令和元（2019）年 5月14日	理事辞任登記。

【X3について】

平成15（2003）年2月	被告に入職。
平成27（2015）年2月	理事就任。その際，退職金の精算は行われず，被告における職務内容（東京支店長という役職で，推進部において，推進部本部長のX1の指示に従い会員募集活動を行う）に変化なし。タイムカードにより出退勤の管理がされ，勤務時間，休日や有給休暇の取扱いは他の職員と同様。
平成30（2018）年11月20日	理事解任の議事録作成。
平成31（2019）年1月	「基本給38万円，役職手当6万円」との記載があり，雇用保険料等の控除がされた給与明細書あり。
令和元（2019）年5月13日	理事辞任登記。

　被告は，原告らが理事を解任されるまでは，名目はともかくとして賃金に相当する額の金員を支払っていましたが，原告らの理事解任に伴い，報酬請求権がなくなったとして，これらを支払わなくなりました。

　そのため，原告らは，労働契約に基づく未払賃金等の支払を請求したのです。

2　労働者性の考え方

　労働契約法は，労働者を「使用者に使用されて労働し，賃金を支払われる者」と定義し（労働契約法2条1項），労働契約は，労働者が使用者に使用されて労働し，使用者がこれに対して賃金を支払うことについて，労働者および使用者が合意することによって成立するとしています（労働契約法6条）。

　この労働者性の有無は，契約の形式，当事者の認識，労働場所や時間の拘束状況，指揮監督の状況，報酬の性質，内容等を総合的に考慮して判断されますが，本件の原告らのように，当初労働契約を締結していた者が労働者性を喪失したかどうかを判断するにあたっては，役員等への就任により待遇や職務等に

明らかな変化があるかどうかも重要なポイントとなります。

3　裁判所の判断

　本事案では，原告らのいずれもが被告への入職時に労働契約を締結しており，途中で理事に就任し，さらに理事就任後も他の理事らの指示に従い，就業規則の規定に従って勤務し，従前と同じ業務に従事している上，給与明細書も就業規則の規定に従って報酬が定められ，雇用保険料等の控除もされていました。

　さらに，被告の役員規定には，職員が役員に就任する場合は，使用人兼務役員となる場合を除き，退職金の精算を行うものとされているところ，原告らはいずれも退職金の精算をされていませんでした。

　このような事情から，原告らは理事就任後も，「労働者が使用者に使用されて労働し，使用者がこれに対して賃金を支払う」状態にあったものといえ，被告との間に労働契約が存在したと判断され，その結果，原告らが請求する未払賃金等がすべて認められました。

4　実務上のポイント

　本事案は，被告が原告らを理事とすることで労働者性を喪失させ，労働契約に基づいて発生する使用者としての様々な義務を免れようとした事案というよりは，被告内部の経営者層における内紛をきっかけに，被告から原告らを追放する手段の1つとして，原告らが労働者でなくなったように見える状況を利用した事案であると考えられます。このことは，被告が原告らを就業規則に基づいて労働者として扱っていたと思われることからも明らかであり，だからこそ，原告らの請求は，実際に支払われなかった賃金のみ（割増賃金等は含まれない）の請求にとどまっているのです。

　労働者性の有無は，形式面ではなくあくまで実態から判断されますが，特に，当初労働契約が締結され，その後役員となった従業員に関しては，形式面，実

態面のいずれに関しても確実に契約を切り替えなければ，労働者性の喪失が認められる可能性は非常に低いものと考えられます。

　特に，介護事業所などにおいて，新たに法人を設立したり業態を変更したりする場合で，経営層が実質的に代表者しかいないようなときには，実働している職員に対して役員への就任を依頼することも珍しくありません。その際，職員がこれまでどおりに介護業務に従事するのであれば，当該職員はあくまで「使用人兼役員」であり，労働者性が喪失したと判断されることはないといっても過言ではありません。

　法人の都合によって形式面だけを整えても，使える手段とはならないことを肝に銘じておきましょう。

8　被告が運営する他の施設での待機時間などによる割増賃金等請求について原告らの請求が肯定された事案

福岡地裁小倉支部判令3・8・24平30（ワ）882号

＃未払賃金等請求
＃割増賃金　＃労働時間該当性

事案の概要

　本事案は，原告ら2名が，就労移行支援施設，グループホーム，自立準備施設等を運営している被告に対し，未払賃金等を請求した事案です。

　裁判所は，結論として，被告に対し，原告ら2名に合計で2,500万円を超える未払賃金の支払義務と2,000万円を超える付加金の支払義務を認めました。

　本事案では，原告らが，被告の指示の上で，原告らが通常働いていたa施設だけではなく，被告が運営するb施設の1つに寝泊まりし，その際に業務への従事を余儀なくされていたことが，多額の未払賃金が認められた理由の1つとなっていますが，勤務時間の計算に際して，勤務形態一覧表等の記録が不正確であり，日々の勤務時間がはっきりしない場合の算出方法が示されており，参考になります。

　なお，付加金は，割増賃金（残業代等）等を支払わなかった使用者に対して，これらの未払賃金等を請求する訴訟の中で，労働者の請求により，裁判所が支払を命じることができるもので，未払金と同一額が金額の上限となります（労働基準法114条）。あくまで，裁判所が支払を命じることが「できる」ものであることから，付加金を課すかどうかは裁判所の裁量であり，事案の悪質性等から，支払の有無が判断されます。

1　本事案の主な争点

　本事案においては，労働時間の算定にあたりいくつかの争点はありましたが，主には，原告らが，寝泊まりしていたｂ施設で業務に従事していたかどうかについて，事実の有無と法的評価の双方から問題となりました。

　被告は，原告らがｂ施設に寝泊まりしていたのは，単に原告らの個人的な都合であり，ｂ施設において利用者対応はしていない，仮に利用者対応をしていたとしても，原告らの就業場所はａ施設のみであり，ｂ施設での労働は業務に含まれておらず，業務指示もしていないことから，労働時間には含まれないと主張していました。

2　裁判所の判断（原告らのｂ施設での勤務実態）

　裁判所は，まずｂ施設の状況について，以下のように認定しました。

- ●ｂ施設は，共同生活援助事業として，障害者が自立を目指して共同生活を送るためのグループホーム。
- ●定員は10名であるが，常時８名ないし10名の利用者があり，触法障害者が含まれていた。
- ●利用者のうち，障害の程度が一番重い者は障害支援区分が３の者であった。
- ●利用者の中には，精神的に不安定であり，建物から飛び降りた者や夜間に無断でいなくなる者，病院に通院する必要や職員が相談に乗る必要がある者もいた。
- ●ｂ施設では，昼から夕方までは世話人が勤務し，夜間は宿直担当者が勤務していた。
- ●世話人は，平日の勤務の場合は夕食の準備を行い，休日の勤務の場合は昼食および夕食の準備を行い，いずれの場合も午後３時頃まで勤務する。
- ●宿直担当者は，午後10時にｂ施設に来て２時間おきに利用者の各部屋の中を巡視し，さらに，精神的に不安定な利用者が眠れない，不安があると言ってき

> た場合や，介護が必要な利用者がトイレに行きたいと言ってきた場合など，ま
> た，利用者からの相談がある時やコールが鳴った時に部屋に行って様子を確認
> し，翌日の午前6時まで勤務する。

　一方，勤務形態一覧表には原告らがb施設で勤務していた記載はなく，b施
設での夜間の支援記録には，夜間のトイレの介助や寝返りの補助等の夜間対応
について記載がありませんでした。

　しかしながら，実際にb施設で勤務していた宿直担当者が，利用者から眠れ
ないと相談を受けた時やトイレに行きたいと言われた時に，原告らを起こして
対応してもらっていた旨供述していること，宿直担当者が女性や高齢者であり，
1人で男性利用者の介助をすることには困難を伴うこと，精神的に不安定で相
談に乗らなければならない利用者がいると認めていること，利用者の支援記録
に「トイレや入浴は，職員が，一部介助します。」と記載されていること，宿
直担当者も世話人もいない時間帯に職員が一部介助にて清拭を行った旨の特記
事項欄の記載等があることなどから，介助が必要な利用者がおり，さらに，こ
のような利用者に対して原告らが介助を行い，その支援記録が記載されていた
ことが認められました。

　なお，勤務形態一覧表は，そもそも実際に宿直担当者として勤務していた職
員の宿直勤務が記録されていないなど不正確な点が多く，勤務形態一覧表の記
載をもって原告らの勤務形態を認定できないとしました。

　このように，まず裁判所は，b施設において介助が必要な利用者が存在し，
さらに原告らがその介助に携わっていたことを認定しました。

3　裁判所の判断のポイント（労働時間該当性の考え方）

　本判決は，労働時間について，「労働者が使用者の指揮命令下に置かれてい
る時間」であると述べた上で，実作業に従事していない不活動時間（いわゆる
「待機時間」）においても，労働者が使用者の指揮命令下に置かれている場合，

具体的には，当該時間において労働からの解放が保障されておらず，労働契約上の役務の提供が義務づけられていると評価される場合には労働時間に当たるとし，本事案に関しては，曜日や各時間帯ごとに労働時間該当性について判断しました。

　本判決で特に注目されるのは，原告らについて，事実上24時間すべてが労働時間と認定された点です。その上で，各曜日や各時間帯の事情により，それぞれ一定時間の休憩時間が認定されています。

　それでは実際に，裁判所が，記録には残されていない業務実態をどのように認定したのか，少し詳しく検討しましょう。

（1）　平日の午前9時から午後4時まで

　まず，原告らは，平日の午前9時から午後4時まで（雇用契約上は午後5時まで）はa施設で業務に従事しており，この間が労働時間であることに対しては疑いがありません。もっとも，原告らは，昼休憩もなく働いていた旨主張していましたが，原告らがa施設において昼休憩を取ることができなかった理由を具体的に供述していないことから，裁判所は，この間に1時間の休憩を取っていたと認定しました。

（2）　平日の午前6時から午前8時30分まで

　この時間帯，原告らは，寝泊まりしているb施設において，利用者のトイレ介助などを行うことがありました。これに対して，被告は，雇用契約上b施設に関する業務は含まれていないと主張しましたが，裁判所は，被告がa施設とb施設の両方の施設を運営していること，b施設の利用者は日中はa施設で障害者向けの就労移行支援を受けていること，原告らがa施設でも利用者らの支援を行っていることなどからすれば，b施設における利用者対応も被告の業務に含まれるというべきであるとした上で，以下の事情から，被告が原告らを指揮命令下に置いていた旨認定しました。

- ●午前6時には宿直担当者が帰ること
- ●被告は，利用者の中に精神的に不安定な者や身体の不自由な者がいることを把握しており，原告らが利用者の対応を行っていることも知っていたと考えられること
- ●b施設のグループラインで，不穏な利用者がいる場合には重点的に気を配ったり，部屋で一緒に寝たりするように指示がなされることがあったこと

　その上で，原告らの不活動時間に関しても，利用者から対応を求められるタイミングはあらかじめ明らかになっているものではなく，不活動時間においても不意に必要があれば利用者対応をすることが予定されていたことから，被告の指揮命令下にあったといえ，この時間帯の不活動時間は労働時間に当たると判断されました。

　もっとも，原告らも，この間に朝食を取るなどしており，労働からの解放は保障されている時間があったとして，30分間は労働時間に当たらない時間があったと認定しました。

（3）　平日の午後4時から午後9時まで

　原告らは，a施設で勤務した後，午後4時頃，車でb施設の利用者をa施設からb施設に連れて帰り，その後b施設において支援記録を書いたり，夕食の配膳等を行ったりする他，利用者の入浴の見守り・介助を行っていました。

　そして，（2）と同様に，不活動時間に関しても被告の指揮命令下にあったといえ，この時間帯の不活動時間は労働時間に当たると判断されました。

　もっとも，原告らもこの間に，夕食を取ったり風呂に入ったりしていたと考えられること，原告らは週に3，4度，1度につき30分から1時間程度，自分の用事で外出していたことから，原告らにも労働からの解放が保障されている時間があったとして，少なくとも1時間は労働時間に当たらない時間があったと認定しました。

（4）　休日の午前６時から午後９時まで

　原告らは休日においても，ｂ施設で利用者のトイレや入浴の介助，支援記録の記載等を行う他，利用者の外出に同行するなどしていた上，（２）（３）と同様に，不活動時間においても必要があれば利用者対応をすることが予定されていたことから，被告の指揮命令下にあったといえ，この時間帯の不活動時間は労働時間に当たると判断されました。

　もっとも，原告らも食事を取ったり自分の用事で外出したりしていたことを考えると，原告らにも労働からの解放が保障されている時間があったと考えられ，少なくとも朝に30分，昼に１時間，夜に１時間，合計２時間30分は，労働時間に当たらない時間があったと認定しました。

（5）　平日，休日の午後９時から翌日の午前６時まで

　原告らは，ｂ施設において，利用者が相談をしてきた時やトイレの介助を頼んできた時は，宿直担当者に起こされ，利用者対応をしていたことから，被告の指揮命令下にあったといえ，この時間帯の不活動時間は労働時間に当たると判断されました。

　もっとも，原告らは，ある程度夜間対応を分担していた時期があり，その時期においては，２日に１日は夜間の利用者対応が義務づけられておらず，労働からの解放が保障されていたと考えられ，午後９時から翌日の午前６時までが労働時間に当たる日と当たらない日が交互に１日ずつあったと認定したものの，ｂ施設では，２，３カ月に１度，利用者が行方不明になり，原告らが２名とも利用者を探しに行っていたことから，そのような場合は，実際に労務に従事したとして，３カ月に１度は，原告ら２名とも，午後９時から午前６時までを労働時間と扱う旨判断しました。

（6）　小　括

　裁判所は，以上のように労働時間を計算し，未払賃金の額を算出した結果，

原告ら2名に合計で2,500万円を超える未払賃金の支払義務と，2,000万円を超える付加金の支払義務を認めたのです。

4　実務上のポイント

　本事案では，原告らの異常な勤務実態と，これに対する被告の反論の苦しさが目立つものの，記録等がほとんど残っていない勤務実態に関する認定の具体的な事例として，非常に参考になります。

　そもそも，被告はb施設における原告らの勤務実態を否定していたことから，当然のことながらb施設での勤怠管理などはしていませんでした。その結果，原告らは，数時間を除いてまさに24時間働いていたという認定がされたに等しい状況となり，このような多額の未払賃金が認められるに至ったのです。

　裁判所は，各時間帯において30分から数時間，または隔日に「労働からの解放が保障されていた時間」を認めており，すべての時間が労働時間とはされなかった反面，「本当はもっと休憩していたり，労働からの解放が保障されていた時間があるはずだ」と考え，非常に厳しい判断がされていると思う方もいるかもしれません。しかしながら，被告が勤怠管理をしていない以上，これを証明することはできず，原告らの主張する実態を前提に「控えめに」算出をする他ありません。

　本事案において，判決文からは，原告らがこのような労働環境に置かれることとなった経緯は不明ですが，形式面のみを整え，勤務実態を無視した管理をし続けたことが，このような結果を招いたことは明らかです。

　人件費の削減等の他にも，様々な人的な関係性があったことも推測されるものの，どのような理由があっても，職員が業務に従事した場合は，相応の対価の支払が求められるのです。

9 職員の地位の確認について精神疾患による休職命令および自然退職が有効とされた事案

大阪地判令3・2・25平31（ワ）766号

#休職 #精神疾患 #業務起因性

事案の概要

　本事案は，社会福祉法人Ｙの運営する介護施設に勤務しており，その言動に問題のあったＸが精神疾患を発症し，この精神疾患を理由に休職し，その後復職を拒否された事案です。Ｘは復職の拒否について，精神疾患を発症したのは，Ｙによるいじめ，嫌がらせが理由であり，労働基準法19条１項に基づき退職扱いとすることができないと主張し，労働契約上の権利を有する地位にあることの確認などを求めました。裁判所は，結論としてＸの請求を棄却しています。

　なお，本事案では，Ｘは，東大阪労働基準監督署長に対し，労働災害補償保険法に基づき療養補償給付等の支給を請求しましたが，同労働基準監督署長は，これを支給しない決定を行っています。

1　本事案の内容

（1）　主な争点

　本件では，Xが罹患した精神疾患の業務起因性の有無が主たる争点となっていますが，実質的にはYの指導注意が業務上必要かつ相当なものであったのかが争われています。そこで，以下では，Yの行った指導注意について検討します。

①　精神疾患の業務起因性

　本事案の主たる争点は，Xの精神疾患がYの業務に起因するものであるか否かです。休職事由の消滅の点は争いになっていませんので，業務起因性が認められなければ休職期間満了による退職扱いとなり，業務起因性が認められれば労働基準法19条1項により退職扱いとすることはできず，Xには労働契約上の地位があるということになります。

　本判決は，業務起因性の判断について，「心理的負荷による精神障害の認定基準について」（平成23年12月26日基発第1226第1号厚生労働省労働基準局長通達。以下「認定基準」といいます）を参考にしつつ，個別具体的な事情を総合的に考慮して判断をすべきとし，労働災害保険に関する認定基準に沿って業務起因性を判断すべきと判示しました。

②　Xの主張

　Xは，認定基準に則り，認定基準別表1の項目12「顧客や取引先からクレームを受けた」，項目5「会社で起きた事故，事件について，責任を問われた」，項目15「仕事内容・仕事量の大きな変化を生じさせる出来事があった」，項目21「配置転換があった」，項目16「1か月に80時間以上の時間外労働を行った」，項目20「退職を強要された」，項目36「セクシュアルハラスメント」に該当する事情があり，これらを総合的に見ると，Xの業務には強い心理的負荷が認められると主張しました。

③　Yの主張

　これに対しYは，Xの主張する事実関係を概ね否定し，仮にXの主張する事実が認められたとしても認定基準別表1の項目に該当せず，該当したとしても心理的負荷は弱いと主張しました。

2　裁判所の判断

（1）　業務起因性の有無

　裁判所は，Xの指摘する認定基準の項目に該当するものもあるものの，その多くの心理的負荷の強度は「弱」であり，その前後において恒常的な長時間労働が認められないとしています。また，心理的負荷の強度が「弱」であるものが複数あるものの，全体として評価しても，その心理的負荷の強度は「弱」を超えるものではないとし，さらに，心理的負荷の強度が「中」と捉えられるものもあるが，これも総合評価としては「中」にとどまり，全体として評価してもその心理的負荷の強度は「中」であるともしています。

　そして，認定基準と離れて本件によって認められるすべての事実を総合的に考慮しても，業務それ自体に内在し，あるいは随伴する危険によりXが本件疾病を発症したと認めるに足りる証拠はないとしました。

　以上によれば，本件疾患の業務起因性を認めることができないと判断しました。

（2）　業務変更の合理性

　Xの主張では，本事案の最初のきっかけは，Xに送迎業務を担当させなくなったことです。判決文を見ると，Xは送迎業務を希望していたようです。希望する業務をあえて担当させないという点だけ捉えれば，嫌がらせという見方もできるかもしれません。

　しかしながら，裁判所は，Xに送迎業務を担当させないというYの判断は，

合理的な判断だと認定しています。裁判所はどのような事情を考慮し，Ｙの判断を合理的と判断したのでしょうか。

　送迎業務を担当させないことになった直接的な原因は，送迎業務の際，エアコンの調整を誤って27度の暖房の設定にしたことで室内が暑くなってしまっていたことから，その後訪問した他の事業者の発見により助けられたが，それがなければ利用者が脱水症状に陥るなど命に関わる大きな事故になるところであったという出来事があったことです。Ｘによれば，利用者に27度の設定でよいのか確認したが，利用者が問題ないと言うので，27度の暖房の設定でスイッチを押したとのことです。

　この出来事に対して，Ｙは，今回はクレームで済んだが，利用者が命をなくしていた可能性もあるとし，Ｘが内容は違えど想像力や判断能力の欠如を原因とするミスを繰り返しており，送迎に出て利用者と１対１になる状況ではなく，施設内で周りに相談ができる環境で業務を行うほうがよいと判断しました。その上で，Ｙは，Ｘの状況判断能力からすれば，Ｘの担当業務である送迎，入浴，排せつ，レクリエーションの４項目から，送迎を減らした残り３つの業務を完璧に行うほうがよいと判断し，その旨をＸに伝えています。

　裁判所はこれらの判断について，「将来のリスクを考えると，１人で介護等の対応を行う送迎業務ではなく，周りがフォローできる施設内での勤務が望ましいと判断したものであって」合理的な判断といえると判示しています。

　おそらく裁判所としては，Ｘの能力からすると，１対１での対応をすれば，利用者の生命身体に危険が及ぶ可能性が高いと考えられる一方で，Ｘへの影響は送迎業務がなくなるというだけのわずかな影響であったため，両者を比較して，Ｘを送迎業務から外すという判断は合理的と判断したのだと思います。

3　裁判所の判断のポイント

（1）　業務起因性の有無

　本事案では，Xは，自身が精神疾患に罹患したのは，業務中のいじめ，嫌がらせが原因であって，労働基準法19条1項に基づき，休職期間満了を理由とする退職扱いはできないと主張しました。仮に，Xの疾患がYにおける業務に起因するものであれば，Xの主張するとおり休職期間満了による退職扱いはできなくなります。

　本事案では，上記のとおり，Yによるいじめ，嫌がらせが否定された結果，Xの疾患とYにおける業務に因果関係がないとして，業務起因性が否定されました。

　業務起因の傷病や疾病を負った場合，労働基準法19条1項により，療養のための休業期間およびその後の30日間は解雇や休業期間満了を理由とする退職扱いができなくなりますので注意してください。

　また，本事案では，Xに対する職場での「嫌がらせ，いじめ」が強い心理的負荷を与えたとして，Xから「嫌がらせ，いじめ」に該当するとされる事情が多数主張されています。しかしながら，その大部分は，事実として認められない，認められたとしても業務上の指導の範囲内であったという認定がなされています。判決文を読む限り，Xはいわゆる問題社員で，Yとしても対応に苦慮していたことが窺えます。その中で，YはXとしっかり向き合い，指導注意を繰り返した結果が，この訴訟に勝利できた所以だと考えます。

　以下では，裁判所が，心理的負荷が「弱」であるとの判断をするにあたり，Yのどのような対応が裁判所に認定され，適切な指導と評価されたのかについて検討します。

（2）　業務内容変更通知書の交付とその際の説明

　問題社員対応で最も重要とされることは，指導注意のプロセスを踏むことで

す。

　ここでいうプロセスというのは，（ⅰ）問題行動の把握→（ⅱ）注意指導→
（ⅲ）改善の有無の観察，という対応を繰り返し行っていくという意味です。

　会社は従業員を雇った以上，実際に業務できるようになるための情報提供や
指導が必要ですし，例えば新卒採用の場合などには，その従業員を教育しなけ
ればならない場合もあります。そのため，このようなプロセスを踏まず，従業
員に重たい処分をすることはできません。仮に問題社員であったとしても，そ
の従業員ときちんと向き合い，繰り返し注意指導を行い，それでも改善しない
場合にはじめて重たい処分を課すことができるのです。そのため，問題社員に
対して懲戒処分を課していく場面においては，プロセスを踏むということが必
要不可欠になりますし，裁判所もプロセスを非常に重視する傾向にあります。
本事案では，Y代表者はXに業務内容変更通知書という書面を交付しています。
この書面には，業務の変更理由として，「デイサービス正職員職務の遂行に必
要な注意力，判断力が伴わず，利用者の安全を確保することが難しい。同僚と
の協調性がない。注意及び指導をしても改善する努力が見られない。自身の行
動が元で同僚の協力を得ることができない職場環境を形成してしまったため。」
と記載があり，また，法人が求めるものとして「上司及び同僚の注意，指導，
助言に対して真摯に受け止め，反発的な態度を取らず，簡単にパワハラ，いじ
めなどと言葉にしないこと」との記載があり，Xの署名もあるようです。

　この通知書は，Yが把握しているXの問題行動を指摘し，Xに改善を求める
という内容ですので，注意指導のプロセスを踏んでいることを根拠づける資料
として重要な意味を持ちます。本事案では，この通知書が極めて重要な証拠と
評価され，他のエピソードについての裁判所の判断に大きな影響を与えた可能
性が高いと考えています。

　さらに，YはXにこの通知書を交付する際，変更後の1日の業務の流れを記
載した書面も交付しています。このようなYの丁寧な対応は，YのXにきちん
と向き合って改善を求めるという意思表明に他ならず，いわゆる狙い撃ちや不
当な動機がある可能性が否定できたのではないかと思われます。

（3）　ハラスメントの判断基準

　Xの態度の問題点の1つとして，Y側の指摘で気に入らないことがあれば，すぐに「パワハラ」だと主張することが挙げられます。

　例えば，Xは，リーダーの「Xさんは孤立してますよ」「Xさんは送迎業務がないし入浴の介助はしても当たり前ではないか」という発言，シフトに記載がない業務は手伝わないというXの発言に対する「それでは困る」という旨の発言に対して，それぞれ「パワハラ」であると主張しています。この他，この裁判の中では，リーダーが業務を終えて帰宅しようとしていたXに日誌の作成を手伝わせたこと，Xが足浴をさせた利用者の足の血流が赤くなっただけでXにヒヤリハット報告書を書かせたことなどについて，嫌がらせやいじめだと主張しています。

　では，ハラスメントとして違法となるか否かをどのように判断すべきでしょうか。

　ハラスメントの判断基準については，ハラスメントの被害者がハラスメントと感じるかどうかを判断基準とするいわゆる主観説を前提とする言説が散見されますが，実際には，客観的に業務上必要かつ相当な範囲であるかどうかを基準にするといういわゆる客観説で判断されます。裁判所も以下のように客観説の立場に立って，ハラスメントの有無を判断しています。

　本事案においては，裁判所は，業務上必要かつ相当な範囲を超えないか，就業環境が害されるかという規範を用いてハラスメントの違法性を判断しています。いずれの基準も客観的な状況から，その該当性を判断する規範であり，まさに客観説の立場を採用していることがわかる表現です。

　その上で，本判決は，Xが「パワハラだ」と主張した事情について，上記の基準に当てはめ，客観的に見ればパワハラとはいえないと判断しています。また，Xが嫌がらせやいじめと主張している事実については，仮にそのような事実があったとしても，必要な業務を命じるものであり，業務指導の範囲内であって，嫌がらせやいじめではないと判断されています。

4　実務上のポイント

（1）　プロセスの重要性

　繰り返しになりますが，問題社員対応では，注意指導のプロセスを経ることが重要です。

　本来は，業務内容変更通知書など客観的に注意指導のプロセスが確認できる資料が複数あることが望ましいです。このような資料があればあるほど，プロセスを丁寧に踏んでいるということが客観的に立証しやすくなるからです。

　文書でなくても，メールやチャット，録音や録画などの客観的な形で，問題社員の問題行動，注意指導の回数や内容，改善の状況などを保全しておくことが非常に重要です。問題社員の対応だけでも大変だとは思います。しかしながら，もう一歩進んで，プロセスをどのように保全するのかという観点を持つことができると，管理者としてのスキルが向上すると思います。ぜひ，念頭に置いてみてください。

　そして，上記のようなプロセスを客観的により明確にするためには，問題社員がどのような問題行動をし，どのように注意指導してきたかがイメージできるストーリーやエピソードも重要になります。

　問題社員に関する法律相談では，「あいつは仕事ができない」とはいうものの，仕事ができない具体的なエピソードが出てこないという相談事例が非常に多くあります。このような相談の多くは，問題行動の把握がきちんとできていない可能性が高く，当然，その後のプロセスも踏めていないことが多く，解雇などの重たい処分は，裁判所で無効と判断される可能性が高くなります。

　他方で，ストーリーやエピソードが具体的であれば，書面などの客観的なプロセスが十分残っていなかったとしても，欠けている客観性を補うことも可能になります。問題社員対応の場面においては，具体的なストーリーやエピソードなどを記憶しておくことも意識できるとなおよいでしょう。

　もっとも，本事案では，Xが精神疾患を発症するまで，業務内容変更通知書

以外には，注意指導のプロセスを示す客観的な資料がありません。なぜ，複数の資料がないにもかかわらず，Y側が注意指導を繰り返したこと，また，その内容が合理的であると認められたのでしょうか。

　本事案では，Xが嫌がらせやいじめと主張する多くのエピソードを主張しました。これにより，大枠ではXの主張するエピソードの存在が認められました。ところが，Xの主張するエピソードの核心部分については証拠がなく，また，証拠として提出した日記についても，客観性が乏しいなどとして十分な証拠としては扱われませんでした。例えば，Xが長時間一方的に責め立てられたなどと主張をしている点について，長時間の面談があったことは認定されているのに対し，責め立てられたという点については認定されておらず，単に長時間注意指導の面談を実施されたというような外観のみ認定されています。嫌がらせ等をすることなく，長時間面談するということは通常はきちんと注意指導をしていたということになりますから，結果として，Y側がXとしっかり向き合って対応をしていたという外観が作出されているという判断になったのだと思います。裁判所は，このような事情と，業務内容変更通知書の存在などを併せて考慮し，Y側の注意指導は合理的であったと判断したのではないかと考えられます。

　本事案において，Xは，自らの主張に沿うエピソードを手当たり次第主張し，その結果，自身に不利な認定を受けるという結果を招きました。自らが主張するエピソードが多数あるからといって，何でも主張すればよいというものではなく，証拠の有無や主張のバランスを検討・選別しなければならないという意味でもよき教訓になる裁判例だと思います。

（2）　業務変更の合理性

　通常，業務内容の変更や配置転換については会社側に大きな裁量があり，その判断に合理性が認められることが多いです。

　本事案のように，Xの能力にどのような問題があるのか，Xにそのままの業務をさせるとどのような弊害が生じるのかという点について具体的に検討し，

業務変更の必要性を理論的に説明できると，より会社の判断に合理性が認められやすくなります。そして，このような具体的な検討過程や検討結果を示すことができれば，使用者側の不当な意図の存在を排斥することも可能になります。

したがって，問題社員の業務内容の変更や配置転換については，当該問題社員の特性をしっかりと分析し，なぜそのような変更や転換が必要なのかを十分検討し，客観的に説明できるようにしておくことが有益です。

（3） すぐにパワハラだと主張する社員への対応

Ｘがパワハラだと主張する事情について，客観的にパワハラに該当しないとしても，パワハラだと主張されている以上，Ｙ側において一定の配慮をする必要があります。しかし，実際にはパワハラではないにもかかわらず，「パワハラ」だとの指摘を受けて腰が引けてしまい，それ以上の注意指導ができない管理者層が多いのが実情です。このような対応をしてしまうと，問題社員の問題行動に歯止めがかからなくなり，事業所全体に不適切な影響が生じてしまいます。

本事案では，Ｙ代表者はＸに対し，「パワハラといったことは問題だったのではないか」と伝え，業務内容変更通知書において「上司及び同僚の注意，指導，助言に対して真摯に受け止め，反発的な態度を取らず，簡単にパワハラ，いじめなどと言葉にしないこと」と記載するなどの対応をしています。

このように，ＹはＸの「パワハラだ」という主張に怯むことなくＸとしっかりと向き合い，冷静に対応していました。その結果，Ｘの言動の稚拙さが浮き彫りになり，Ｙの注意指導が業務指導の範囲内であるという評価を導いたのだと考えられます。問題社員にきちんと向き合って丁寧に対応するということは，高度なマネジメント能力が要求される難易度の高い対応ですが，問題社員対応に対してはこのような対応が非常に重要です。管理者としては，自身が業務上必要だと考える指導事項があれば自信をもって注意指導をすることが大切で，そのような対応を積み重ねることによって，より強い事業所を作ることができるはずです。

10 虐待の疑いから実施した自宅待機命令等について同命令を有効とし原告からの慰謝料請求が否定された事案

佐賀地決令3・4・23平30（ワ）187号，令元（ワ）350号

#虐待対応 #自宅待機命令 #休職命令

事案の概要

　本事案は，高齢者施設の入居者に対して虐待を行っていることを疑われ，自宅待機命令，休職命令，行政への通報等をされたＸが，当該施設を運営する会社Ｙに対して，自宅待機命令等を受けたことについての慰謝料や未払賃金の支払を求めた事件です。

　本事案では，主に，①虐待の疑いが強いことを理由とする自宅待機命令の適法性，②行政への通報および警察への相談の違法性，③逮捕されたことを理由とする休職命令の適法性，④自宅待機期間中，休職命令期間中および休職命令解除後の賃金支払義務の有無について争われました。

　本判決は，結論としては，自宅待機命令，通報，休職命令を有効と判断し，Ｘの慰謝料請求を否定しました。

1　訴訟に至る経緯

（1）前提事情

　Xは，平成26（2014）年6月1日からY施設で働いていた者です。Yは，特別養護老人ホーム等を経営する社会福祉法人です。

　本件入居者（当時95歳）は，平成25（2013）年3月26日に胃瘻を造設し，同年8月から胃瘻カテーテルを使用していました。平成26（2014）年11月3日までの間，交換時以外にカテーテルの抜去はありませんでした。しかしながら，同月4日から同年12月25日までの間，本件入居者に留置されているカテーテルの抜去事故が本件事故を含めて合計14回ありました。

　Y施設では，13回目の抜去事故以降，本件入居者について，家族，職員の了承の下でビデオカメラでの観察を行うこととし，1時間ごとに状況の確認を原則2人で行い，チェック表にその都度記入を行うこととしました。

（2）本件事故①

　平成26（2014）年12月25日午後1時40分頃，XとY施設職員が2人で本件入居者の様子を確認した際にはカテーテルの抜去はありませんでしたが，同日午後2時7分頃に2人で胃瘻の確認を行った際には，胃瘻部から出血があり，カテーテルの抜去が発見されました（以下「本件事故①」といいます）。本件入居者の着衣に乱れはなく，手もしっかりと固定されていました。本件入居者は，同日，病院へ搬送されて入院しましたが，次第に衰弱して，平成27（2015）年8月17日，死亡しました。

　Y施設職員は，本件事故①後，本件事故①当時のビデオ映像（以下「本件ビデオ映像」といいます）を確認し，自然抜去と判断しました。

（3）本件事故②

　平成27（2015）年2月20日，Xが排せつ介助をした本件入居者とは別の入居

者（当時79歳）が，胸部痛を訴え，Xから虐待を受けた旨の発言をしていました。同入居者の胸部痛の訴えが続いたことから病院を受診させたところ，同入居者は胸部骨折，胸椎圧迫骨折と診断され入院しました（以下「本件事故②」といいます）。Y施設で働く看護師のD（以下「D」といいます）が同入居者に病院を受診させるために付き添った際に，同入居者は，Xにトイレ内で頭を押さえつけられるなどしたから胸が痛くなったとDに訴えていました。Dは，同入居者の訴えについてXに事情を聴いたところ，Xは，同入居者が食堂にあるテーブルに自分で胸をぶつけており，他のY施設職員も目撃していると発言しました。後日，Dが，当該職員に対し，Xの上記発言内容の事実があったかを確認したところ，同職員はこれを否定しました。同入居者は，本件事故②当時，精神疾患を有し独語等の症状はありましたが，自分の意思ははっきりと話し，質問に対しては答えることができていました。

（4）本件事故①②後の対応

　Y施設職員は，本件事故②等をきっかけにして，平成27（2015）年2月26日，本件ビデオ映像を再度確認したところ，手元が隠れているため決定的ではないが，不審な動き，カテーテルが抜ける音，抜けたと思われる瞬間に本件入居者の表情が変化すること等からXが本件利用者を虐待していると確信を持ちました。

　そこで，Y施設は，高齢者虐待の防止，高齢者の養護者に対する支援等に関する法律（高齢者虐待防止法）に基づき行政に通報しました。Yが行政の指示に基づき本件を警察に通報したところ，Xは逮捕勾留され，傷害罪で起訴されましたが無罪となりました。

　YはXに対して，行政に通報した時点で自宅待機命令，Xが逮捕された時点で休職命令を出しています。

　無罪判決後，Yは休職命令を解除しましたが，Xはうつ状態である旨の診断書を提出し，出勤できないと主張しています。

　その後，XはYに対して，慰謝料と未払賃金の支払を求めて出訴しました。

2　裁判所の判断のポイント

（1）　自宅待機命令の適法性

①　裁判所の判断

　自宅待機命令について，裁判所は以下の理由を列挙し，Ｙに過失はないと判断しました。

- Ｘは，Ｙが自宅待機を命じた平成27（2015）年２月27日より前の約半年間，本件入居者の付近で介護をしていたこと，本件事故①②以外にも介護事故を起こしており，そのうち２件の事故において入居者がＸを名指しして虐待を訴えていることなど，Ｘの行動について調査する必要があった。
- 本件ビデオ映像の内容やＸが体位交換等でしか本件入居者に触れる機会がないことから，ＹがＸに疑いを持ったことは不合理ではなかった。
- Ｙは本件ビデオ映像を複数の職員で確認し，Ｘが故意にカテーテル抜去した疑いがあることについて意見が一致しており，本件事故①当日に出勤していたＸ職員に対する聞き取りをした上で自宅待機命令をしているので，自宅待機を命じるにあたり必要な調査はしている。
- 主治医でない医師から意見聴取をしていないことやＸの言い分を聞かなかったことについても，Ｘが本件事故①をはじめとする介護事故への関与を否定したことから，Ｙとして今後の対応を判断するための調査が必要と考えたことから自宅待機を命じたのであり，その調査を通じてＸの言い分について検討する姿勢をみせていた。
- 自宅待機は調査を円滑に行うための措置であって，出勤停止と異なり懲戒処分ではなく，制裁・懲罰の性格を有するものではない。

---

②　出勤停止処分と自宅待機命令の違い

　前提として，懲戒処分としての出勤停止処分と自宅待機命令の違いを説明し

ます。いずれも従業員に対して自宅で待機しているように命じる点は同様です。

出勤停止処分は，懲戒処分の一種で，制裁として労働者の就労を一定期間禁止することです。他方，自宅待機命令は人事権の行使の一環として行われるものです。懲戒処分をするか否かについての調査や判断が終わるまで出勤を認めないという目的で行われることが一般的です。

虐待が発覚した場合，調査や検討のために，いったんは出勤停止処分ではなく自宅待機命令を出すことが一般的であり，裁判所が，Yが自宅待機命令を出したことについて不合理ではないと判断したことも妥当です。無用な争いを避けるために，対象となる従業員には，どのような理由で自宅待機を命じるのか，賃金の支払はどうなるのか（詳細は後記(4)に記載）についても，きちんと説明しましょう。

（2） 行政への通報および警察への相談の違法性

① 裁判所の判断

養介護施設従業者には，高齢者虐待防止法上，施設の入居者で虐待を受けたと思われる高齢者を発見した場合，市町村に報告する義務があり，虐待の有無については，通報または相談を受けた行政機関が判断することになっています。裁判所は，このような高齢者虐待防止法の制度を前提とすると，Yが本件事故①の調査のためにXに自宅待機を命じるとともに行政に通報することに過失はないと判断しました。

本事案において，Yは，行政からの指示に従って警察に相談しています。このことから，裁判所は，行政が本事案において警察に関与させるべき事案と考えたのであり，Y以外の第三者も警察に相談することが適切と判断する状況であったのであるから，警察に相談したことに過失はないと判断しました。

② 刑事手続と虐待通報

本事案では，施設側が十分な調査をせずに，Xが加害者であると判断して行政や警察に通報したことが問題になっています。

　Xとしては，逮捕・起訴はされたものの無罪となったのですから，Yが十分に調査せずに通報したことによって精神的な苦痛を受けたと考えることは理解できるところです。

　本事案におけるYの調査は不十分だったのでしょうか。また，行政や警察に通報したという判断は妥当なのでしょうか。

（ⅰ）刑事裁判における有罪判決のための証明の必要性

　ここで，Xが虐待をしていることを示す動画があるにもかかわらず，なぜXが無罪となったのかと疑問に思われるかもしれません。この点について，刑事訴訟手続の概要に触れつつ説明したいと思います。

　刑事裁判において裁判官が有罪を認定するには，「合理的な疑いを差し挟む余地のない程度」の立証が必要になります。要するに，一般人の感覚からして，その被告人が犯人であることに合理的な疑いの余地がないという程度の確信が必要ということです。

　判決文が確認できないので正確にはわかりませんが，本事案では，Xがカテーテルを抜去した状況そのものが撮影されているわけではなく，その他の事情からでは合理的な疑いを排除できなかったのではないかと思われます。つまり，刑事訴訟手続における証明の程度は非常に高いということです。そのため，無罪というのは「虐待していない」ということを示すのではなく，「虐待していると確信は持てない」という趣旨とお考えください。

（ⅱ）通報の妥当性

　さて，本題に戻り，Yの調査や通報に問題があったのかを検討します。

　まずは，法律の内容を確認します。

　高齢者虐待防止法21条1項は，以下のように定めています。

　「養介護施設従事者等は，当該養介護施設従事者等がその業務に従事している養介護施設又は養介護事業（当該養介護施設の設置者若しくは当該養介護事業を行う者が設置する養介護施設又はこれらの者が行う養介護事業を含む。）において業務に従事する養介護施設従事者等による高齢者虐待を受けたと思われる高齢者を発見した場合は，速やかに，これを市町村に通報しなければなら

ない。」

この条文の中で注目すべき文言のみを抜き出すと、「高齢者虐待を受けたと思われる高齢者を発見した場合は、速やか……通報しなければならない」という文言です。これを素直に読めば、虐待があると思ったらすぐに通報しなければならないということになります。

つまり、介護施設の職員は、自社の施設内で虐待を受けたと思われる高齢者を発見した場合には、すぐに通報する義務があると定められているのです。

次に、警察への通報についてです。

本事案では、犯罪の被疑者ではないYが警察に相談していますので、告発に類するものと考えられます。告発については、「何人でも、犯罪があると思料するときは、告発をすることができる。」（刑事訴訟法239条1項）との定めがあります。「思料」というのは、思いをめぐらせるという意味です。したがって、「これって犯罪じゃないのかな」と思えば告発をすることができるということです。

なお、告発の内容に制限はありませんが、虚偽の告訴や告発をした場合には、その告訴や告発は虚偽告訴罪という犯罪となることがあります（刑法172条）。

以上に記載したように、虐待の疑いがあれば通報する義務がありますし、警察への相談も犯罪の疑いがあれば告発等ができるような制度になっています。そして、最終的には虐待の有無を認定するのは行政機関であり、犯罪の成否を認定するのは裁判所です。虐待や犯罪の認定について施設は何らの権限もありません。

このような観点からすれば、虐待の加害者とされる従業員との関係で、施設側の通報に問題があったとして施設が法的責任を負うということは通常考えられません。むしろ、施設としては、虐待が疑われる際には積極的に通報をすべきです。

(ⅲ) 調査の必要性

もっとも、何らの調査をせずに安易に虐待通報をすると、例えば、行政の調査に対応する必要があったり、事業所内が疑心暗鬼に陥って雰囲気が悪くなっ

たり，加害者とされた従業員から名誉毀損を理由とする損害賠償請求を受けたりするなど，無用な混乱を招く可能性があります。したがって，施設においては，虐待が発生していることを示す最低限の調査を実施すべきです。

特に，疑いのある従業員が虐待を否定しているような場合は，慎重な判断が要求されます。他方で，本当に虐待が発生している場合，速やかに対応しなければ利用者・入居者の生命，身体，精神に重大な影響が生じる可能性もあります。

このように，介護施設としては，利用者の安全のために直ちに通報する必要がある一方で，何らの調査をせずに通報をしてはいけないという非常に難しい立場に置かれています。そのため，施設において，どの程度の調査をすべきか，どの程度まで疑いが強まれば通報をすべきかについて慎重かつ迅速に判断する必要があります。

本事案では，入居者の状況を撮影し，Xが虐待をしていることを示す動画が撮影され，複数の職員がその動画の状況からXが故意にカテーテルを抜去していると判断しています。このような状況であれば，虐待の可能性があると判断して通報することには何ら問題はありません。

（3）　休職命令の適法性

①　裁判所の判断

本事案において，Yは，Xが本件事故①について傷害の被疑事実で逮捕されたことを理由として，就業規則上の「特別の事情があって休職させることが適当と認めたとき」に該当するとして，Xに対して休職を命じています。

裁判所は，高齢者虐待という事案の性質上，Xが逮捕されたことを入居者らが知れば，Y施設での介護業務に具体的な支障が生じるということを理由に，Xにつき休職相当と判断したことについて過失はないと判断しました。

また，保釈後についても，刑事裁判が継続していることから，入居者が不安に感じるなど介護業務に具体的な支障が生じるとして，休職命令の効力を認めました。

②　起訴休職の有効性

　Xは逮捕・勾留されており，現実に労務提供をすることができない状況なので，「特別の事情があって休職させることが適当と認めたとき」に該当するとして出された休職命令を有効とした裁判所の判断は妥当だと考えます。

　裁判所も指摘するとおり，当該施設における虐待を原因として逮捕された従業員を介護施設において通常どおり勤務させることなどできないはずです。本事案では，Xは逮捕されている以上，刑事手続が終わらなければ，Xへの処分を決定することは困難です。Yが休職命令を出すことにより，給与の支給義務の問題が休職命令の有効性という問題に集約されるため，労務管理としても休職命令を出すという判断は適切であったと思います。

　また，保釈されたとしても，裁判の決着がついていない以上，保釈前と同様に休職をさせることが適切でしょう。

　なお，休職中はノーワーク・ノーペイの原則から賃金を支払う必要はありませんし，多くの法人の就業規則には休職中は無給である旨定められています。

　本事案における休職命令は，いわゆる起訴休職と呼ばれるものです。就業規則上は起訴休職の規程はありませんでしたが，休職事由の一般条項の要件を満たすとして休職命令は有効とされています。

　起訴休職は，一般的に，（ⅰ）起訴によって企業の対外的信用が失墜し，企業秩序に支障が生じるおそれがある場合，もしくは，（ⅱ）労働者の勾留や裁判所への出頭のため，労務の継続的提供や企業活動の円滑な遂行に支障が生じるおそれがある場合に認められるとされていますが，裁判所はこの要件を満たすと判断し，休職命令を有効としたと考えられます。

　なお，本事案は，介護施設における虐待事件であったため（ⅰ）の要件を満たすことになりましたが，プライベートな犯罪などを理由とする逮捕であれば，起訴休職の要件を満たさない可能性がありますので注意してください。

　また，起訴休職はあくまで休職の一種であり，労務提供が困難であることから労務提供を免除するものです。したがって，起訴休職の有効性と起訴を理由とする懲戒処分の有効性は別問題です。起訴休職が有効であったとしても，そ

の後の懲戒処分が有効になるとは限りませんので，この点も注意してください。

（4）　賃金支払義務

①　裁判所の判断

（ⅰ）自宅待機期間中の賃金支払義務

　裁判所は，Ｙは調査のために自宅待機を命じたのであり，制裁あるいは懲罰の趣旨であったとは認められないから，「調査期間中は自宅で待機すること」を提供するべき労務であるとして発せられた職務命令であると解した上で，Ｘは自宅で待機するという労務を提供しているので，賃金支払義務を免れる事情はないと判断しました。

（ⅱ）休職期間のうち，保釈前日までの間の賃金支払義務

　裁判所は，就業規則上の休職命令の要件に該当している以上，Ｙは賃金支払義務を負わないと判断しました。

（ⅲ）休職期間のうち，保釈当日から休職期間終了までの間の賃金支払義務

　Ｘは，保釈により休職命令の効力が失われているため，賃金支払義務が発生していたと主張しました。

　これに対し裁判所は，Ｘの刑事裁判は係属しており，本件事故について訴追されている状態であったから，Ｙ施設の入居者の心理状態に大きな変化があったとは考え難いとし，休職命令の効果は失われていないとし，Ｙは賃金支払義務を負わないと判断しました。

（ⅳ）休職期間終了後の賃金支払義務

　前記のとおり，Ｘが無罪判決を受けた後，ＹはＸに対する休職命令を解きました。これに対して，Ｘはうつ状態である旨の診断書を提出し，その後出勤していません。

　休職期間終了後の賃金支払義務について，Ｘは，Ｙの責めに帰すべき事由によりＸがうつ病に罹患し労務が提供できなくなったのであるから，Ｙは休職期間終了後の賃金支払義務を負うと主張しました。

　しかしながら，裁判所は，Ｘがうつ状態となったことについて，Ｙの責めに

帰すべき事由はないとして，Yの賃金支払義務を否定しました。

②　休職とノーワーク・ノーペイとの関係

（ⅰ）法律上の賃金支払義務の有無

　労働法の世界には，ノーワーク・ノーペイという重要な原則があります。働いていない場合は，賃金を払わなくてよいという原則です。

　そうすると，自宅待機命令を受けて自宅で待機する場合，働いていない以上，賃金を払わなくともよいのではないかと思われるかもしれません。しかしながら，雇用主側の理由で休まざるを得なかったような場合にも賃金が支払われないとすると，従業員の生活保障の観点から問題があります。

　民法536条２項も労働基準法26条のいずれも，雇用主側の「責めに帰すべき事由」によって労務の提供ができない場合に，賃金を払わなければならないという規定です。

　しかしながら，民法536条２項よりも労働基準法26条の「責に帰すべき事由」のほうが広く解釈されています。具体的には，民法536条２項の「責めに帰すべき事由」は，雇用主側の故意・過失を意味するのに対し，労働基準法26条の「責に帰すべき事由」はこれに加えて，雇用主側に起因する経営，管理上の障害も含まれると解釈されています。

　この２つの規定により，雇用主側に責任のある休業の場合は，その事情に応じて10割（民法536条２項）または平均賃金の６割（労働基準法26条）の休業手当を支給する必要があるとされています。

（ⅱ）休業手当の金額

　では，雇用主側が従業員に休業を求める場合，会社は何割分の休業手当を支払うべきかについて，どのように判断すればよいのでしょうか。

　労働者が労務を提供できる状況で，雇用主側が自宅待機を命じる以上，原則として給与全額を支払う必要があります。しかしながら，介護施設で意図的に虐待を行う状態が正当な労務を提供できる状況といえるかは大いに疑問があります。

したがって，虐待の内容や虐待によって生じた結果，虐待をした者の態度，客観的な証拠の有無などから正当な労務提供ができないと判断して，自宅待機期間中の給与を0円とする，もしくは，平均賃金の6割とすることが理論上可能な状況も十分にあり得ると考えます。仮に，給与を支給しない，または，平均賃金の6割を支給するという判断をされる際には，専門家に相談することをお勧めします。

　ただ，虐待が発覚するなどして自宅待機を命じる場合，雇用主側では調査や関係者の対応などに追われることになることが多いと思います。そのような状況で，自宅待機期間中の賃金をどうするのかを検討する余裕はないはずです。この観点から，争点を1つでも減らすため，給与全額を支給するという判断をすることもあり得ると考えています。

　なお，本判決は，Xは「自宅で待機する」という労務を提供しているので，全額の賃金を支払うべきと判断していますが，これは，Xが虐待をしたことが確実ではないということが判断の前提になったのではないかと思われます。

　また，就業規則上，自宅待機期間中の給与は平均賃金の6割と定められていることが多くあります。しかしながら，このような記載があるからといって，法令上10割分を支払わなければいけない場面で，6割分の支給でよいと認めた裁判例は見当たらない状況です。したがって，就業規則に規定したからといって，6割分の支給でよいとは限らず，10割分の支給を命じられる可能性が残されていることに留意してください。

3　実務上のポイント

　本事案では，虐待の疑いをきっかけに，①虐待の疑いが強いことを理由とする自宅待機命令の適法性，②行政への通報および警察への相談の違法性，③逮捕されたことを理由とする休職命令の適法性，④自宅待機期間中，休職命令期間中および休職命令解除後の賃金支払義務の有無について争われました。虐待の疑いがある従業員への対応に際して，これらの点が争いになるということを

理解しておきましょう。

　また，本事案で一番のポイントは，施設内で虐待が疑われている状況で，監視カメラを設置し，虐待の証拠を確保したことです。介護施設において，虐待をしている従業員が存在しているとすれば死活問題となります。他方で，施設内で虐待があると信じたくない，虐待があるといろいろ面倒だという理由で十分な調査がされないこともあります。

　臭い物に蓋をせず，しっかりと調査をしたＹの対応は非常によい対応だったと思います。このような問題が起こった場合，自身の施設ではどのように対応しただろうか，どのような対応をすべきかを検討することは非常に重要です。ぜひ，社内研修等の題材にしていただければと思います。

　また，Ｙは，監視カメラの設置に際してご家族の同意を取っています。どのように説明したのかは判決文からはわかりませんが，事故が多発している状況でカメラ設置の同意を取ることができたということは，普段からご家族と施設の関係が良好だったのだと思います。仮に，ご家族との関係が良好でなければ，カメラの設置を打診することが難しかったり，打診する際にクレームになったりする可能性が高まります。当たり前のことですが，日頃からご家族としっかりとコミュニケーションを取り，良好な関係を築けるよう意識しましょう。

　残念ながら，虐待の問題は，いつ，どの事業所で起こっても全く不思議はありません。1人の職員のほんの出来心で虐待が起こったり，職員自身が虐待に該当することに気づいていなかったりすることもあります。

　虐待を防ぐ取組みをすることは，もちろん重要ですが，虐待が起こった時にどのように対応するのかを常日頃から検討しておくことも非常に重要です。

　本事案の内容や被告となった施設の対応をしっかり頭に入れ，組織としてどのように虐待発生後の対応をすべきか今一度考える機会にしていただければ幸いです。

11 原告に対する本採用拒否（解雇）について社会通念上相当であるとして有効とされた事案

東京地判令3・3・16令元（ワ）33340号

#本採用拒否（解雇）
#試用期間 #解雇権濫用法理

事案の概要

　本事案は，被告の運営する介護付き老人ホーム「a」で試用期間中であった原告が，被告による解雇が権利の濫用であり無効であるとして，労働契約上の権利を有する地位にあることの確認および使用者責任による損害賠償を請求した事案です。

　裁判所は，被告による原告の普通解雇は客観的に合理的な理由があり，社会通念上相当であるとして，有効と判断しました。

　本事案の特色は，原告への「普通解雇」が試用期間の「留保付解約権の行使」として行われた点にあります。

1 本判決で裁判所が採用した枠組み

　裁判所は，本件の普通解雇に関しては，

> ①　解雇事由の有無
> ②　解雇の相当性

を判断するとして，それぞれ事実認定をしています。

その上で，②の判断の方法として，

> （ⅰ）　使用者が，採用決定後における調査の結果によりまたは試用期間中の勤務
> 状態等により，当初知ることができず，また知ることが期待できないような
> 事実を知るに至った場合において，
> （ⅱ）　そのような事実に照らしその者を引き続き当該企業に雇用しておくのが適
> 当でないと判断することが，上記解約権留保の趣旨，目的に照らして，客観
> 的に相当であると認められる場合

という枠組みを採用しています。

この②の（ⅰ）（ⅱ）の枠組みは，本判決の中では言及されていないものの，三菱樹脂事件（最大判昭48・12・12民集27巻11号1536頁）において，本採用拒否の是非を判断するにあたって採用された枠組みです。

つまり，裁判所は，解雇権濫用の法理の枠組みを取りながらも，解雇の相当性の判断の中に試用期間中の留保付解約権の行使の要件を組み込んだ判断基準を用いていることがわかります。

これにより，以下で説明するとおり，使用期間中の解雇は，通常の解雇に比して適法性のハードルが下がったものと考えられます。

2　裁判所の判断

（1）　解雇事由があるか

まず本事案で被告は，原告の解雇事由として，以下のような事実を主張して

いました。

（1）　原告が他の職員に対して，「お前やんのか。」などと暴言を吐いて胸ぐらを
　　　つかんで，その後言い合いになったこと
（2）　その後の本社からの事情聴取の際，バイクの免許を持っていないにもかか
　　　わらず，以前にバイクで交通事故に遭ったなどと虚偽の事実を発言したこと
（3）　自宅待機命令が出され，被告の関係者に対して接触を禁止されていたにも
　　　かかわらず粗暴な電話やFAXを繰り返したこと
（4）　女性職員に対して威圧的な態度を取ったこと
（5）　その他怠慢な職務態度が見られたこと

　しかしながら，この中で裁判所が認定したのは，（1）と（2）の事実のみ
であり，（3）ないし（5）の事実には特段言及もしませんでした。
　原告は被告の主張に対し，（1）の事実については，胸ぐらをつかんだこと
や暴言を吐いたことを否定し（「今すぐ1階に戻ってマスクをしてください。」
と1階を指さして伝えただけであるとの主張），（2）の事実については，虚偽
の事実を発言した理由として，その場から立ち去るためであった旨を主張して
いました。
　しかしながら，裁判所は，実際に原告が本社に呼び出されて聴取を受けてい
ることや，原告自身が，配転命令を受けるかもしれないなどと想定して事情聴
取を当初から録音していたという事情から考えて，原告が主張するような態様
であることは不自然であるとし，さらに原告が主張するような，虚偽の事実を
発言しなければその場を解放されないというような状況にあったとは認めるこ
とはできないとし，原告の主張を退けました。
　本事案では，いずれも原告本人や証人による証言が事実認定の基礎となって
いますが，聴取の実施や聴取時の原告の発言内容など，双方に争いのない事実
を前提として解雇事由を認めていることは，参考になる点であると思われます。

（2）　解雇の相当性があるか

　次に，裁判所は，被告の就業規則の定め等に照らせば，原告と被告との試用期間中の労働契約は解約権留保付き労働契約であることを認定した上で，前記（ⅰ）（ⅱ）の各要件について判断をしました。

　具体的には，裁判所は，解雇事由として認定した原告の（1）（2）の行為を，「利用者と直接に接する立場にあり，ときには利用者からの理不尽な要求等にも対応しなければならないし，何より他の職員と協調して職務に当たることが求められる」介護施設の職員としての適格性に欠く行動であることを認定した上，このような原告の試用期間中の勤務状態により，採用決定時に知ることができなかった原告の不適格性を知るに至り（（ⅰ）の事情），このような不適格性は，原告を引き続き被告において雇用しておくのが適当ではない場合に当たる（（ⅱ）の事情）と判断したのです。

　これにより，被告の行った解雇は留保解約権の行使として正当であり，客観的に合理的な理由があり，社会通念上相当であるため，本件解雇は有効であると判断しました。

3　実務上のポイント

　本件では，解雇権濫用法理の枠組みを使いながらも，試用期間中であるという事情から不適格性を判断する際に必要な事実だけを認定し，最終的に本件解雇を有効としました。これは，通常の解雇の場面に比して大幅にハードルを下げたものと考えることができます。

　また，解雇事由を証明するにあたって，録音や書面等の客観的証拠を残すことはもちろん重要ですが，本件のように，原告，被告との間で争いのない事実を基礎として，解雇事由が認められる場合もあります。特に，本事案でこのような認定がされたのは，本件の暴行事件が発生した際，被告が速やかに事情聴取を実施したからであり，客観的に明らかでかつ双方にとって争いがない事実

により，原告の行為態様に関する被告の主張が認められたのだと考えることができます。

　職員に関する問題が発生した場合，雇用主側としては，注意指導や調査を後回しにするのではなく速やかに対処をするようにしましょう。

　また，試用期間中の留保解約権の行使に関して，勤務状況からわかる「不適格性」を採用時に知ることができなかった事情として認定している点は，留保解約権の行使に関して参考になる点です。

　実際に，職務への適格性の有無は面接時にはわからず，働いてみて初めてわかることも多く，試用期間中にその適格性を判断することは，まさに試用期間の使い方として理にかなったものといえます。

　どの程度までの事情があれば，採用時には知ることができなかった「不適格性」として留保解約権を行使できるかについてはこの裁判例からだけでは明らかではありませんが，試用期間の運用においては，このような視点を意識するようにしましょう。

12 理事長の自殺について相続人からの安全配慮義務違反に基づく損害賠償請求が否定された事案

東京地判令3・2・17平30（ワ）608号

#安全配慮義務違反
#過労死　#労働者性

事案の概要

　本事案は，医療法人Ｙの理事長Ａが他の理事（Ａの父親でもある前理事長Ｙ2と母親Ｙ3）の業務妨害等を理由に自殺に至ったとして，Ａの妻Ｘとその子らがＹらに損害賠償を求めた事案です。

　Ｘは自殺した理事長Ａの妻であり，平成27（2015）年9月から平成28（2016）年5月までＹの理事を務めていました。Ｙは，病院や介護施設を運営していました。Ｙ2は，平成9（1997）年6月から平成27（2015）年3月31日までＹの理事長などを務めており，同年4月からＹの理事を務めていました。Ｙ3はＹ2の妻であり，同月当時，Ｙの理事を務めていました。ＡはＹ2およびＹ3の長男であり，平成21（2009）年4月から法人Ｙの理事を務め，平成27（2015）年4月1日からはＹの理事長となりましたが，同年7月20日，自殺しました。

　裁判所は，Ｙに対する請求もＹ2・Ｙ3らに対する請求も否定しました。

　本事案は，Ａの妻らがＡの両親を訴えているという構造であり，親族間で十分なコミュニケーションが取れていないことが，本事案の発端になっています。

1　裁判所の判断のポイント（法人の代表者に対する安全配慮義務違反）

（1）　YのAに対する安全配慮義務違反

　裁判所は，安全配慮義務について，当事者間の特別な社会的接触関係に内在する危険に対して，一方当事者が自己の行為によって危険を回避することが困難な状況にあり，他方当事者が相手方に対して指揮監督等を行う権限を持ち，相手方の危険を予測し回避することが可能である場合に，危険を回避することのできない相手方を保護すべき義務を認めることが相当であるとされることから生じるものと解されると判示しました。その上で，Aは理事長であるため，自ら自身の安全を確保する措置を取ることができるため，YはAに対して，安全配慮義務を負わないと判断しました。

　医療法人の理事は，その職務内容として理事長の業務執行の監督が含まれています。

　そのため，理事長と理事の意見や方針が対立する場面は当然に予定されているはずです。そして，一部の権限を除いて，最終的には理事長の判断と権限をもって運営方針を決定できるため，法人が理事長に対して安全配慮義務を負うという結論にはならないでしょう。

　したがって，よほどの状況でなければ，法人や他の理事が理事長の生命・身体の安全に対して責任を負うことはないと考えます。

　もっとも，いわゆる雇われ社長のように，形式的には代表権限を持っているものの実質的な権限は何もないというような状況であれば，法人が代表者に対して安全配慮義務を負うということはあり得ます。したがって，法人は，理事長，代表取締役などの代表者に対して安全配慮義務を負わないと即断するべきでありません。あくまで，当該代表者が実質的にどのような権限や責任を持っていたかという観点から検討すべきでしょう。

（2）　Ｙ２およびＹ３による不法行為の成否

　判決では，Ｙ２，Ｙ３の問題行動が認められていますが，結論としては，Ｙ２およびＹ３の不法行為責任は否定されました。

　Ｙ２については，理事長に就任している際から，職員に対して「馬鹿野郎」などと叱責するなど厳しい態度を示すことが多かったようです。

　しかしながら，Ａが理事長に就任してからは，自身の意見は述べるものの，直接Ａを非難したりＡの業務を妨害する意図をもって不当な言動をしていたりすることは認められませんでした。

　また，裁判所は，Ａは理事長として法人の運営に関する権限を持っており，Ｙ２およびＹ３の行為によって法人の運営をすることができなかったとはいえず，Ｙ２およびＹ３がＡに対する忠実義務等特別な義務を負うことを基礎づける事実は認められないと判断し，Ｙ２およびＹ３の各行為もそれぞれ不法行為を構成するものではないと判断しました。

　認定されている事実からすると，Ｙ２およびＹ３の言動には，法的な責任を負うほどの問題はなかったとの判断は妥当でしょう。

2　実務上のポイント（コミュニケーションの重要性）

　あくまでも判決文に表れている事情からの推測ですが，本事案は，医療法人の運営を健全化しようとする新理事長と，理事長を退き１人の医師として振る舞った前理事長（新理事長の親）とのコミュニケーションが不足していたことが大きな問題の１つだと考えられます。第三者的視点から見れば，新理事長が前理事長に対して，運営に協力してほしいと素直に伝えていれば，対立構造さえ生まれていなかったのではないかと思われます。ところが，新理事長は，前理事長を法人運営を妨害する存在と敵対視し，協力を仰ぐことをしませんでした。そのため，新理事長は前理事長の協力を得ることができず，法人内で孤立していったという印象を受けます。

　このような観点からすると，本事案に関していえば，理事（前理事長）が不当な目的をもって理事長（新理事長）の業務執行を妨害していたという構図と捉えることは難しいのではないかと思います。この観点からも，本事案で，Ｙ２およびＹ３の責任を認めることは厳しいと言わざるを得ません。

　マネジメントの観点からは，法的な責任を負うかどうかという点よりも，きちんと意思の疎通ができているかという点のほうが重視されるべきです。

　様々なコミュニケーションツールが開発されており，文字ベースでのコミュニケーションは非常に便利になりました。しかしながら，文字だけではニュアンスや意図が十分に伝わりにくいことも多く，誤解が積み重なって，本来必要な意思疎通や伝達ができない場面も散見されます。やはり，重要な局面では，膝を突き合わせ，面と向かってコミュニケーションを取るということが必要になってくると思います。本事案の問題の本質は，お互いの言動の意図を十分に説明できていなかった，お互いに理解できていなかったという点にあると思います。

　本事案は，コミュニケーション不足が人の死という重大な結果を招くという示唆を与えてくれるものです。今一度，自社でのコミュニケーションの内容・方法について，きちんと見直しを行いましょう。

13 請負契約を前提とする債務不履行に基づく損害賠償請求について職員に対する請求が否定された事案

大阪地判令3・3・4令元（ワ）8716号

#請負契約 #雇用契約
#労働者性

事案の概要

　本事案は，介護サービスを提供する株式会社である原告が，被告との間で介護ヘルパーとして業務に従事することを目的とした請負契約を締結したことを前提に，被告は同契約上，契約終了の1カ月前までに契約関係を終了させる旨告げなければならないとされていたにもかかわらず，これに違反して契約関係を終了させたなどと主張し，被告に対し，債務不履行に基づく損害賠償を請求した事案です。

　本事案では，原告と被告との間の契約が，請負契約であるか，雇用契約であるかが問題となりましたが，裁判所は，原告と被告との間の契約が雇用契約であったとして，原告の請求を棄却しました。

1 雇用契約と請負契約

　雇用契約（民法623条）とは，当事者の一方が相手方に対して労働に従事す

ることを約し，相手方がこれに対してその報酬を与えることを約することによってその効力を生ずるものです。

　雇用契約であるかそれ以外の契約であるかは，通常，いわゆる「労働者性」を争う場面で問題となります。つまり，ある業務に従事する者が「労働者」であれば，例えば，雇用主は労働者の労働時間を厳格に管理し，時間外労働や深夜労働に対しては割増賃金を支払う必要がある他，解雇や雇止めの際には非常に厳しい制約が課されるなど，様々な労働法規による補償を受けることとなります。

　一方，請負契約（民法632条）の場合はこのような補償はなく，あくまで仕事の結果を出すことに対して報酬が支払われるため，受注者がその債務を履行できず，その結果発注者に損害を与えれば，損害賠償義務を負うことになります。

　したがって，法人側としては，様々な労働法規による制約を受けることを免れたいと考え，業務に従事する者に対して形式的には請負契約であるかのような体裁を整えようとすることがあり，問題となることが多々あります。

　本事案は，「労働者性」が争われた事案ではありませんが，原告が，介護ヘルパーである被告との間の契約が請負契約であったとして，1カ月前までに契約関係を終了させる旨告げなければならないとされていたにもかかわらず，これに違反して契約関係を終了させたことが債務不履行であると主張していました。

2　本件契約の性質

　裁判所は，原告と被告との間の契約の性質は雇用契約であると認定し，被告が民法627条1項に基づいて2週間前に退職申入れをしたことから，被告には何らの債務不履行もないと判断しました。

　具体的には，原告と被告との間の契約には以下のような特徴がありました。

> - 契約書の題名は「雇用契約書」であり，契約書には「雇用契約」を締結するとの内容が記載されていた。
> - 契約書には，「裏面の勤務時間，勤務地，勤務内容に基づき，裏面の勤務開始日より業務に誠実に従事することとする」との記載があり，これらが裏面で指定されている。
> - 契約書には「給与」の支払について記載があり，業務内容ごとの時給が記載されており，給与明細書が発行された上，令和元年には給与所得の源泉徴収票が発行されている。

　他方，原告は，被告が収入が多いほうがよいとの理由で請負契約の締結を希望しており，これに従って被告を個人事業主として扱い，社会保険料の納付をしていなかったことなどを主張していました。

　しかしながら，裁判所は，契約書の記載内容および給与の計算方法などを前提とすると，本件契約が請負契約であることを示す痕跡は一切見当たらないとして，本件契約を雇用契約であると認定しました。その結果，本件契約では1カ月前に契約関係終了の申出をしなければならない旨規定されていましたが，本件契約は，契約は解約申入れから2週間を経過することによって終了する旨を定めた民法627条1項に反し無効であるとし，さらに同項に従って2週間前になされた被告の解約申入れに債務不履行はないとして，原告の請求は棄却されました。

3 実務上のポイント

　法人側と業務に従事する者との間の契約が「雇用契約」であるかどうかは，契約の形式等にかかわらず実態により判断されます。本事案では，そもそも形式的にも「雇用契約」にしか見えないような契約形態でしたが，介護ヘルパーの業務の性質上，仮に「請負契約」との表題の契約書が取り交わされていたとしても，実質的に「雇用契約」であると判断されていた可能性が高いです。

　介護事業においては，利用者への安定したサービス提供が必須であることから，介護従業者を介護事業所の厳格な指揮監督下に置くことが重要であり，実地指導等においても，職員の雇用契約書や勤怠管理表が調査の対象となります。実際，職員はシフト等により勤怠管理がされ，決められた時間に，決められた利用者に対して，決められたサービスを提供し，時給管理がされることになります。

　このように，介護事業者の責任の下での「指揮命令」が構造的に認定されやすい状況にあり，介護事業所と介護ヘルパーとの関係が雇用契約以外の契約類型であると認定されることはほぼないに等しいのです。

　本事案は，雇用主が損害賠償請求をしたという事案であったことから，単に損害賠償義務が認められなかっただけで済みましたが，仮に雇用主が本件契約を「請負契約」だと見て，勤怠管理を怠り，割増賃金を支払わなかったり安易に解雇や雇止めに当たるような契約の終了を強行したりすれば，場合によっては莫大な未払賃金等の請求が待っています。

　業務内容に応じた正しい契約類型を認識し，対応するようにしましょう。

第 **3** 章

行政とのあれこれ

　介護事業は，介護保険法上の指定の下で行われるため，行政との関係は切っても切れないものです。指定申請の場面の他，指定更新，運営指導，監査等，様々な場面での行政対応が求められますが，時には，行政との間でトラブルが発生することもあります。

　例えば，運営指導や監査において，運営基準等を満たしていないことが発覚したとして，介護報酬の返還を求められる場面，さらには，指定の取消しや効力停止がされる場面など，介護事業所の運営に直結しかねない場面もあり得ます。

　さらには，住民訴訟の方法を利用して介護事業所を攻撃する方法も見られることから，今後も行政との関係は決して無視できないものになることが予想されます。

　もっとも，今後の行政との関係性を考え，行政との争いを避けようとする介護事業所が多いのも現状です。

　第3章では，数は少ないものの，介護事業所と行政との間で発生した紛争のうち，訴訟化した裁判とその結果について解説します。

1　介護事業所の指定取消し等を求める住民訴訟について権利能力なき社団からの訴えが不適法として却下された事案

東京地判令3・2・25令2（行ウ）155号

#住民訴訟　#訴訟要件
#監査請求前置主義

事案の概要

　本事案は，権利能力なき社団である原告が，被告ら（市と市長）を相手に，地方自治法242条の2第1項に基づき，①市に対しては，ある介護事業所に対してした介護保険法41条1項，70条1項に基づく指定処分が無効であることの確認と東京都国民健康保険団体連合会に対してした介護および生活保護に係る支出決定処分を取り消すこと，②市長に対しては，ある介護事業所に対する介護給付費および介護扶助費に係る支出について，当該介護事業所およびその関係者に対して連帯して損害賠償を請求することを求めた住民訴訟の事案です。

　裁判所は，結論として，そもそも本件は不適法な訴えであったとして，訴えを却下しました。

1　住民訴訟とは

　本事案では，原告が本件訴訟を提起した事情は不明であり，さらに，被告となっているのは市と市長であることから，介護事業所が当事者となっているよ

うには見えないかもしれません。しかしながら，仮に原告が住民訴訟に勝訴していた場合，本事案の介護事業所は，指定処分の取消しや介護報酬の返還など，大きな影響を受ける可能性がありました。

　住民訴訟は，普通地方公共団体の住民が当該普通地方公共団体やその長に対して，違法な行為や怠る事実について，その取消しや無効確認をしたり必要な損害賠償等の給付請求をするよう求めたりする訴訟のことです（地方自治法242条の2第1項）。

　この違法な行為や怠る事実がある場合とは，具体的には，当該普通地方公共団体やその長が，取り消すべき行政処分を取り消さない場合や不適法な公金の支出を行った場合などをいい，普通地方公共団体の住民は，これらの行為を認めたときはまず「住民監査請求」という手続を行います（地方自治法242条1項）。そして，この住民監査請求を適法に行い，その結果に不服がある場合や監査の手続が適法に行われない場合に，訴えを提起することが許されます（「住民監査請求前置主義」といいます）。

　具体的には，以下のように規定されています。

（住民監査請求）
第242条　普通地方公共団体の住民は，当該普通地方公共団体の長若しくは委員会若しくは委員又は当該普通地方公共団体の職員について，違法若しくは不当な公金の支出，財産の取得，管理若しくは処分，契約の締結若しくは履行若しくは債務その他の義務の負担がある（当該行為がなされることが相当の確実さをもつて予測される場合を含む。）と認めるとき，又は違法若しくは不当に公金の賦課若しくは徴収若しくは財産の管理を怠る事実（以下「怠る事実」という。）があると認めるときは，これらを証する書面を添え，監査委員に対し，監査を求め，当該行為を防止し，若しくは是正し，若しくは当該怠る事実を改め，又は当該行為若しくは怠る事実によつて当該普通地方公共団体の被つた損害を補填するために必要な措置を講ずべきことを請求することができる。
（2項以下省略）

（住民訴訟）

第242条の2　普通地方公共団体の住民は，前条第1項の規定による請求をした場合において，同条第5項の規定による監査委員の監査の結果若しくは勧告若しくは同条第9項の規定による普通地方公共団体の議会，長その他の執行機関若しくは職員の措置に不服があるとき，又は監査委員が同条第5項の規定による監査若しくは勧告を同条第6項の期間内に行わないとき，若しくは議会，長その他の執行機関若しくは職員が同条第9項の規定による措置を講じないときは，裁判所に対し，同条第1項の請求に係る違法な行為又は怠る事実につき，訴えをもって次に掲げる請求をすることができる。

一　当該執行機関又は職員に対する当該行為の全部又は一部の差止めの請求

二　行政処分たる当該行為の取消し又は無効確認の請求

三　当該執行機関又は職員に対する当該怠る事実の違法確認の請求

四　当該職員又は当該行為若しくは怠る事実に係る相手方に損害賠償又は不当利得返還の請求をすることを当該普通地方公共団体の執行機関又は職員に対して求める請求。ただし，当該職員又は当該行為若しくは怠る事実に係る相手方が第243条の2の2第3項の規定による賠償の命令の対象となる者である場合には，当該賠償の命令をすることを求める請求

（2項以下省略）

　他にも，住民監査請求，住民訴訟は手続を取るための期間が決まっており，これを過ぎると手続ができないなど様々な要件があります。

　この住民監査請求，住民訴訟において原告側の主張が認められると，実際に処分等の無効確認の効果が発生したり，違法とされた公金支出の回収のため，普通地方公共団体の長から支出先に対して損害賠償請求や不当利得返還請求が行われることになるのです。

　そして，住民監査請求，住民訴訟の対象となる行為は広範囲に及び，介護事業所が受ける事業所の指定などの行政処分や介護報酬の受給もこの対象となり得ます。

2　裁判所の判断

　本事案では，原告が市や市長に対して，当該介護事業所の指定処分の無効確認や介護報酬相当額の損害賠償請求を求めている理由には踏み込まれていませんが，仮に原告の主張が認められていた場合，当該介護事業所の事業所指定処分は無効となる上，市長から介護報酬相当額の損害賠償を求められることになります。

　もっとも，本事案では，原告による適法な住民監査請求がされていなかったとして，住民訴訟は不適法な訴えとして却下となりました。

　具体的には，原告は法人格を有しない団体であり，監査請求を適法に行うことができる「住民」であるためには，監査請求時に権利能力なき社団の要件を備えている必要がありました。

　権利能力なき社団に該当するためには，団体としての組織を備え，多数決の原則が行われ，構成員の変更にもかかわらず団体そのものが存続し，その組織によって代表の方法，総会の運営，財産の管理その他団体としての主要な点が確定していることが必要とされているところ（最判昭39・10・15民集18巻8号1671頁参照），原告は，監査請求当時，多数決の原則は行われていたものの，その組織によって代表の方法や総会の運営等，団体としての主要な点が確定していたものとは認められませんでした。

　そのため，原告は監査請求当時，権利能力なき社団の要件を満たしておらず「住民」には当たらないことから，前置された監査請求は不適法であり，適法な住民監査請求を欠く本件の住民訴訟は不適応な訴えであるとして却下されたのです。

3　実務上のポイント

　本事案では，そもそも不適法な訴えであるとされたことから，実際に原告が主張していた事情についての検討は一切なされませんでした。しかしながら，

仮に訴えが適法であるとされ，内容についての審理がされることとなった場合には，当該介護事業者は補助参加人として本件訴訟に参加し，抗戦することになったと考えられます。

　介護事業では，介護報酬の大部分が市町村，都道府県，国等からの税金により運用されています。そのため，介護事業所にとっては，直接的な利用者や利用者家族，行政だけでなく，その地域住民との間でも必然的に利害関係を持つことになり得るのです。介護事業所としては，適正な事業運営をしていなければ，地域住民からも訴えられ，糾弾される可能性があることを忘れてはいけません。

　もっとも，本事案における原告の主張内容は不明ですが，主張内容には理由がある場合もあれば，全く身に覚えがない場合もあり得ます。つまり，本事案のような，監査請求，住民訴訟という手段がカスタマーハラスメントの手段として用いられる可能性があるのです。

　介護事業所としては，行政からの実地指導や監査などだけでなく，思いもよらない形で裁判に巻き込まれる場合があることを認識した上で，専門家と相談しながら対応していくことが重要です。

2 違法な指導に基づいて返還した居宅介護サービス費相当額について国家賠償および不当利得返還請求がいずれも否定された事案

大阪地判令3・11・4平31（ワ）1439号

#国家賠償請求
#不当利得返還請求

事案の概要

　本事案は，介護事業者であるＸがＹ市の職員の実地指導を受け，Ｙ市や利用者に対して受領済みの居宅介護サービス費等合計約2,000万円を返還したことについて，ＸがＹ市に対して，Ｙ市の違法な指導により返還する義務のない居宅介護サービス費等を返還させられたとして，国家賠償ないし不当利得の返還を求めた事案です。

　本事案では，Ｘの主張はすべて認められませんでした。

1 裁判所の判断のポイント

（1） 国家賠償法１条に基づく損害賠償

　Ｘは，Ｙ市が居宅介護サービス費等の返還を強要したこと，介護保険法等の

趣旨に反する行政指導であったことを理由として，国家賠償法上の違法性があると主張しました。そこで，裁判所は，①行政指導が任意に行われたものであるか，②行政指導が介護保険法等の趣旨に反するかという観点から，国家賠償法上の違法性を判断しました。

　まず，①については，行政指導の目的・内容，指導の方法・態様，相手方が表明した意思内容等を総合的に考慮して，「行政指導が強制にわたるもの」と認められる場合には，そのような行政指導は違法となる場合があるという判断基準を示しました。その上で，本事案における行政指導は，介護保険法に係る不適正な請求の防止等の実現を図るためその一環としてされたものであって，他方で，原告の本件事業所における書類の管理には多数かつ重大な不備が見られ，原告代表者もそのこと自体は認めた上で協議に応じていたといえるなどとして，行政指導の任意性を認めました。

　次に，②については，行政指導が目的とする行政目的は正当なものである必要があるから，法令の趣旨に反するような行政指導は違法なものとして許されない場合があるという判断基準を示しました。その上で，Ｙ市の職員が，（ⅰ）Ｘに対して介護保険法の違反の有無を調査させ，違反がある場合には当該サービスに係る居宅介護サービス費等を返還するように指導したこと，（ⅱ）ＸがＹ市に返還すべき居宅介護サービス費等の存在を前提としてその返還協議に応じた時に，その返還方法等について指導をしたことは，いずれも介護保険法や本件各条例の趣旨に沿うものであり，行政指導の一環として行われる報酬請求指導の趣旨にも沿うものであったとして，本事案における行政指導は介護保険法などの趣旨に反しないと判断しました。

（2）　不当利得返還請求

　不当利得返還請求については，ＸとＹ市の間に返還する旨の合意が成立していたとして，不当利得ではないと判断しました。

（3）　行政指導

　本事案における行政指導は，いわゆる運営（実地）指導と呼ばれるもので，介護業界において通常行われている内容でした。そして，Xの運営する事業所の状況は，居宅サービス計画書が存在しない，個別介護計画書が存在しない，居宅サービス計画書の記載と個別介護計画書の記載が合致しないなど非常に杜撰で，行政から厳しい指摘を受けて然るべき状況でした。

　むしろ，Y市は，自主点検さえも進めることができないXに対して長期間にわたり協議を継続していた状況で，少なくとも判決文を見る限り，Y市に問題があるとは言えません。

　また，本事案では，Xが居宅介護サービス費等の返還を申し出て，Y市がこれを受領したという経緯ですので，不当利得となる余地はありませんでした。

　したがって，Xの請求を否定した本判決の判断は至極真当な判断です。

2　実務上のポイント

（1）　運営（実地）指導とは

　運営（実地）指導は，利用者の自立支援と尊厳の保持を念頭に，制度管理の適正化とよりよいケアの実現に向け，サービスの質の確保・向上を図ることを主眼として行われるものです。運営（実地）指導においては，指導マニュアル等を活用し，不適正な請求の防止等に向けた事業者等の取組みに実地での援助的指導を行うものであり，運営（実地）指導の結果，改善事項がある場合や介護報酬の過誤調整が必要な場合には事業者等に通知され，事業者等は都道府県・市町村に報告することになっています。介護サービスの質の確保・向上が主たる目的であり，これに付随して不適切な請求を防止することも目的となっているという建付けです。そして，運営（実地）指導はいわゆる行政指導として行われるものですので，運営（実地）指導それ自体には強制力はありません。

　このような運営（実地）指導の目的や内容は，介護事業者であればある程度具体的にイメージを持っていると思いますが，強制力がないという点についてまで理解している介護事業者は少ないのではないでしょうか。

（2）　自主返還

　本事案で問題になったのは，行政側が，運営（実地）指導後の改善通知で自主点検とこれに基づく自主返還を求めたことです。Ｘは，この通知とこれを前提とする指導に基づき，居宅介護サービス費等を自主返還しました。

　このように，行政は，運営（実地）指導において記録の不備や運営基準違反等が発覚した場合，自主点検に基づく任意の自主返還を求めることがあります。行政といえども，マンパワーに限りがあります。そのため，運営（実地）指導において記録の不備や運営基準違反を発見したとしても，行政が返還額を計算せず，事業所側に返還額を計算するよう求めるケースも多くあります。

　ご注意いただきたいのは，このような自主点検やこれに基づく自主返還を求められたとしても，それは行政処分ではなく法的な強制力はありません。したがって，自主返還を求められたとしても，必ずしもこれに従う必要はありませんし，自主点検の結果，介護報酬を返還する必要がないと判断できる場合には返還をする必要はありません。

　運営（実地）指導において記録の不備や運営基準違反等を指摘された場合には，まずは，指摘された記録の不備や運営基準違反等が実際にあるのかどうかを冷静に調査してください。調査の結果，介護報酬を返還する必要がないと判断した場合は，行政に対して自信を持って回答しましょう。本判決からわかるように，一度返還してしまった介護報酬を取り返すことは極めて困難です。納得できない場合には，返還をすべきではありません。

　とはいえ，指定権限を持っている行政と正面から対立することには躊躇される介護事業者も多いのではないかと思います。このような不安を持った場合には，介護保険制度に精通した弁護士に相談するようにしましょう。

3 過誤納金した保険料等の返還を請求した件について不当利得返還請求が否定された事案

(東京地判令3・1・26令元（ワ）401号)

#厚生年金保険料
#不当利得返還請求
#過誤納金 #M&A

事案の概要

　本事案は，事業譲渡により，介護付き有料老人ホーム「a」（a老人ホーム）を事実上運営していた原告が，原告が行ったa老人ホームの従業員に係る健康保険および厚生年金保険の各保険料ならびに子ども・子育て拠出金（以下，これらのものを総称して「保険料等」といいます）の納付は過誤納付に当たり，その全額が原告に返還されるべきものであると主張して，被告である国に対し，不当利得返還請求権に基づき，原告が納付したとされる保険料等の金額相当額等の支払を求める事案です。

　裁判所は，原告には不当利得返還請求権は認められないとして，原告の請求をすべて棄却しました。

1 過誤納金が発生した経緯等

　本事案は，元々介護保険法に基づく介護予防サービス事業等を営んでいた原告が，老人ホームを運営する株式会社b（以下「b」といいます）との間で，

ｂの事業をすべて譲り受ける旨の事業譲渡契約（本件事業譲渡契約）を締結したことに端を発します。

　本件事業譲渡契約では，原告が，ｂが本件事業譲渡の日に雇用している従業員をｂと同一の労働条件で継続して雇用することとなっていましたが，ａ老人ホームの施設建物に設定された抵当権設定登記の抹消登記手続がされるのを待って本件事業譲渡の日を定めることとされていたことから，本件事業譲渡の日は定められていませんでした。

　それにもかかわらず，ｂが従業員や取引先等に対して，原告に事業譲渡した旨を通知し，さらに従業員に対する給与や賞与の支払を停止してしまいました。これを受けた原告が，支払が停止された以降，従業員に対して給与等を支払うようになり，これに伴い①保険料等についても原告が出捐して支払うこととなりました。

　少々わかりづらいので，以下に図示します。

【事案の概要図】

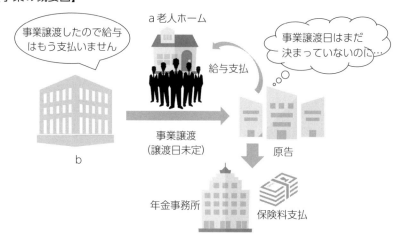

　その後，原告が年金事務所に対して，ａ老人ホームの所在地を事業所の所在地とする原告の事業所（以下「本件事業所」といいます）について，健康保険

法施行規則19条および厚生年金保険法施行規則13条に基づき，本件事業所が適用事業所となった旨の②「新規適用届」を提出したことから，③遡って本件事業所が適用事業所となり，④その結果，ｂの本店が適用事業所に該当しないこととなり，本件事業所が適用事業所となった日以降に支払われた保険料等が過誤納金となったのです。

【過誤納金が発生した経緯】

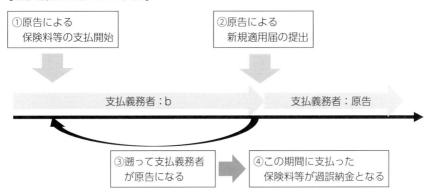

そして，この過誤納金は，ｂが滞納していた保険料等に充当され，原告またはｂに還付されることはありませんでした。

本事案は事業譲渡に伴って発生した事件ですが，近年介護事業所のM&Aは珍しくなく，事業譲渡の手順等を誤れば，誰でも同様の問題に直面し得ます。

2　本事案の争点

原告は，過誤納金となった保険料等の各納付は，原告がａ老人ホームの従業員に給与等を支払っていたことから，納付義務があるものと考えて金銭を出捐して納付したのであり，法律上の原因を欠くものであること，さらに，年金事務所が原告がａ老人ホームの従業員の給与を支払っていたことや原告が保険料等の納付を行っていたことを知っていた以上，過誤納金の還付は当然に原告に

されるべきであることを主張していました。また，仮に過誤納金が原告へ還付されない場合は，過誤納金となった納付と原告が適用事業所として行う納付が二重となることも，原告に対して過誤納金が還付されるべき理由として主張されていました。

　これに対して，被告は，原告がa老人ホームを事実上運営し始めた際に，適用事業所の届出を出さなかったことや，原告がbに対して多額の運営資金を援助しており，保険料等の納付もこの一環であること，さらに，本件の納付がすべてbを名宛人とする納付書によって行われていることなどから，あくまで過誤納金をしたのはbであって，原告に過誤納金の還付請求権はないと反論していました。

　本事案に関しては，原告と被告の主張する事実について大きく異なるところはなく，裁判所による当該事実の法的評価が問題とされました。

3　裁判所の判断

　裁判所は，まず本件の各納付がbを名宛人とする納付書によって行われていることなどから，各納付は，bを納付義務者とする保険料等に対して行われたことを認定しました。

　その上で，原告が適用事業所となったことで法律上の原因がなくなった過誤納金の還付を受けられる者，すなわち，不当利得返還請求（民法703条）における損失を及ぼされた「他人」が誰に当たるかについて検討を行い，この「他人」が原告ではなくbであると認定したのです。

　具体的には，本事案において，各納付がされた時点における納税義務者は，原告ではなくあくまでbであり，誰がその金員を出捐したかにかかわらず，原告が適用事業所となったことで法律上の原因がなくなった結果，その還付を受けるのはbであり，被告に対して不当利得返還請求権を有するのはbだと判断しました。

　また，このような判断に至る事情の1つとして，原告もまた，保険料等の納

付がｂを納付義務者とするものだと理解していたことが認定されています。

　具体的には，年金事務所からａ老人ホームの事務長に対し，ｂがａ老人ホームの従業員に対して給与を支給していないのであれば，社会保険上の被保険者も原告に移す手続をする必要がある旨を説明したことや，その期間の督促状等がｂ宛に出されていたことなどの事情が認定されています。

　なお，これにより，原告が二重の納付義務を負うことになるとの反論に対しては，原告はｂに代わって保険料等の納付をしている以上，ｂに対して当該保険料等相当額の返還を請求できるのであるから，二重の納付義務を負うことにはならないと説明しています。

　以上から，裁判所は，原告には過誤納金の不当利得返還請求権はないとして，原告の請求をすべて棄却するに至りました。

4　実務上のポイント

　本判決は，原告にとっては非常に厳しい結果となりました。裁判所は原告はｂに対して，納付した保険料等相当額について返還請求ができることから二重の納付を行うことにはならないと説明していますが，ｂがａ老人ホームの従業員に対して給与等の支払を停止している事実，その他多額の保険料等の滞納の事実からして，原告のｂに対する請求が奏功する可能性は限りなく低いと言わざるを得ません。

　そのため，原告は，原告が主張するとおり，実質的には二重に保険料等を納付しなければならない状況となっています。

　もっとも，このような裁判所の判断が不合理かといえば，必ずしもそうとは言えません。

　保険料等の支払に関して，適用事業所としての届出を義務化しているのは，保険料等の支払義務者を明確にし，画一的な処理をするためです。しかしながら，原告は，年金事務所から適用事業所としての届出を出すように指摘をされても，１年近くの間，これを怠っていたという事情もありました。せめて，こ

の届出を早急に行っていれば，被害は最小限度に抑えられたはずです。

　事業譲渡は，全く関係性のない法人同士で行われることもあれば，代表者同士が知り合いであるなど近しい関係性の中で行われることもあり，特に後者の場合は，その条件や段取りが明確に定められないまま，なし崩し的に手続が進んでしまう危険性があります。普段は助け合う関係性の中である程度柔軟にやりくりできていたとしても，一方が経営不振に陥っている場合などには，この関係性は大きく揺らぎます。何より，老人ホームの運営やその他介護事業所が譲渡の対象となっている場合には，譲渡に係るタイムスケジュールを明確にし，これに沿って進めていかなければ，たちまち利用者への影響が出てしまいます。

　本事案では，まだ事業譲渡の日が決まっていない段階であったにもかかわらず，ｂが従業員への給与等の支払を停止してしまっており，譲渡を受ける原告としては，ａ老人ホームの運営を継続し，介護の隙間を生まないためには，従業員への給与支払を引き継がざるを得なかったのだと思いますし，これに伴って保険料等を納付しなければならないと考えたことも無理からぬところはあります。しかしながら，その結果として，原告は2,700万円を超える保険料等を支払い，その回収が困難な状況となりました。

　事業譲渡の場面においては，効力の発生時期を含めたタイムスケジュールの明確化が命であり，これがうまくいかなければ，仮に交渉段階で相応の時間や費用を要していたとしても，これらを捨ててでも撤退すべき場面もあります。事業譲渡にあたっては，必ず専門家に相談をしながら進めるようにしましょう。

第 4 章

WEBに関するあれこれ

　スマートフォンやSNSが当たり前のように利用されるようになってから，ウェブサイトやSNS上の投稿に関する紛争は後を絶ちません。

　特に，WEB上のブログや掲示板等で行われる特定の介護事業所等への誹謗中傷は，WEBで介護事業所等を探す利用者や，働き先を探す求職者が多い中，介護事業所にとって非常に大きな影響を与えることもしばしばあります。

　WEB上に投稿された書き込みは，誰がそれを書き込んだのかわからず，消去を求めることが容易ではないばかりか，一度投稿され，多くの人の目に晒されてしまうと，完全に消し去るのが困難であるという特有の問題もはらんでいます。

　第4章では，WEBへの書き込みに関する紛争のうち，訴訟化した裁判とその結果について解説します。

1　介護事業所からの発信者情報開示請求について権利侵害が明白でないとして請求が否定された事案

東京地判令3・4・15令2（ワ）32713号

発信者情報の開示
名誉毀損
自己の権利の侵害

事案の概要

　本事案は，特別養護老人ホームの経営等の社会福祉事業を行うことを目的とする社会福祉法人である原告と原告の理事長が，被告であるインターネット掲示板「爆サイ.com」（以下「爆サイ」といいます）をいわゆる経由プロバイダとして，原告の名誉権および原告理事長の名誉感情を侵害する書き込み（以下「本件書き込み」といいます）がされたなどとし，「特定電気通信役務提供者の損害賠償責任の制限及び発信者情報の開示に関する法律（プロバイダ責任制限法）」4条1項に基づき，別紙発信者情報目録記載の発信者情報の開示を求める事案です。

　裁判所は，結論として発信者情報の開示を認めませんでした。

1　発信者情報の開示請求の概要

（1）　発信者に対する法的責任追及のスタート

　発信者情報の開示請求とは，開示関係役務提供者（いわゆる「プロバイダ」）に対して，ある書き込み等をした発信者の情報を開示するよう求める請求です。

　インターネット上の書き込みは，ほとんどの場合，実名では行われませんし，発信者の顔を見ることができないので，仮に誰かの名を騙っていても，本当にその人が発信をしているかどうかもはっきりしません。

　そこで，発信者に対して直接書き込みの削除を求めたり損害賠償を請求するなど，何らかの法的責任を追及したい場合には，発信者が誰であるかを突き止める必要があるのです。

　そのため，発信者情報開示請求は，発信者に対する請求のスタートです。

　つまり，

> （1）　発信者情報開示請求が認められ，発信者の情報を取得（情報を掲載しているプロバイダ，発信者が契約しているプロバイダ，情報が経由したプロバイダからの取得）した後，
> （2）　書き込みの削除（情報を掲載しているプロバイダへの請求）や，
> （3）　書き込みによって受けた損害の賠償請求（発信者への請求）

を進めていくことになるのです。

　本事案は，（1）についての裁判例です。

（2）　プロバイダ責任制限法4条1項の要件

　発信者情報の開示請求について定めたプロバイダ責任制限法4条1項は，以下のような規定です。

（発信者情報の開示請求等）

第4条　特定電気通信による情報の流通によって自己の権利を侵害されたとする者は，次の各号のいずれにも該当するときに限り，当該特定電気通信の用に供される特定電気通信設備を用いる特定電気通信役務提供者（以下「開示関係役務提供者」という。）に対し，当該開示関係役務提供者が保有する当該権利の侵害に係る発信者情報（氏名，住所その他の侵害情報の発信者の特定に資する情報であって総務省令で定めるものをいう。以下同じ。）の開示を請求することができる。

一　侵害情報の流通によって当該開示の請求をする者の権利が侵害されたことが明らかであるとき。

二　当該発信者情報が当該開示の請求をする者の損害賠償請求権の行使のために必要である場合その他発信者情報の開示を受けるべき正当な理由があるとき。

　これは，インターネットの掲示板やSNS等で権利を侵害された者が，いわゆる「経由プロバイダ」に対して，同書き込みをした発信者の情報の開示を請求するものです。

　発信者情報の開示を請求する要件は，以下のとおりです。

① 　書き込みの対象が開示請求者と同一であること

② 　特定電気通信による情報の流通によって自己の権利を侵害されたことが明らかであること

③ 　当該発信者情報の開示に正当な理由があること

2　裁判所の判断

　本事案では，被告らが，原告理事長に対して「理事長から職員はよかごと使われよるだけやろ。バカにされとるとぞ」，原告に対して「内部告発するべきですね。自分も考えてますよ。とりあえず労働基準局に相談してみる予定。で

も中には良い人もいる。いるけどいつの間にか辞めてる（笑）。辞めた後に偶然会って話したらイキイキしてる。」と書き込んだことによって，原告の名誉および原告理事長の名誉感情が害された旨主張されていました。

　なお，本件書き込みがされたスレッド内には「△△△△△」（原告が事業所の名称として利用するもの）を明示するものの他，「△△△△2」「△△※※※」「※△※△※」「ヨ△△△△」といった記載があり，一部伏せ字にされているものの，書き込み全体の内容から，当該書き込みが原告や原告理事長を対象としたものであることは明らかでした（①の要件）。

　そのため，本事案では主に②「特定電気通信による情報の流通によって自己の権利を侵害されたことが明らかであること」の要件が問題とされました。

（1）　「理事長から職員はよかごと使われよるだけやろ。バカにされとるとぞ」

　裁判所は，このような書き込みに対して，原告理事長が従業員に対して厳しく接している印象を与え得るものであるものの，原告や原告理事長が従業員を違法な労働環境に置いているとか，労働条件に違反して雇用しているとか，従業員を侮辱しているといった具体的な行状を指摘するものではなく，直ちに原告らの社会的評価を名誉権侵害の不法行為を構成するほどに低下させるものと認めることはできないし，原告理事長の名誉感情に対する看過し難い，明確かつ程度のはなはだしい侵害行為であると評価することもできないとしました。

　これにより，裁判所は，そもそも権利侵害自体が認定できないとし，②の要件を満たさないと判断しました。

（2）　「内部告発するべきですね。自分も考えてますよ。とりあえず労働基準局に相談してみる予定。でも中には良い人もいる。いるけどいつの間にか辞めてる（笑）。辞めた後に偶然会って話したらイキイキしてる。」

　裁判所は，この書き込みに対して，原告の従業員が原告を退職したことを好

意的に表現するものではあるが，それ以上に，原告の労働環境や労働条件が違法ないし劣悪であり，そのために原告の従業員が退職していることを具体的に指摘するものではなく，直ちに原告らの社会的評価を名誉権侵害の不法行為を構成するほどに低下させるものと認めることはできないし，原告理事長の名誉感情に対する看過し難い，明確かつ程度のはなはだしい侵害行為であると評価することもできないと判断しました。

　これにより，裁判所は，この書き込みに対しても，そもそも権利侵害自体が認定できないと判断し，②の要件を満たさないと判断しました。

3　実務上のポイント

　近年，SNS等の普及により，利用者や関係者等による誹謗中傷等に悩んでいる介護事業所は多いのではないかと思います。

　もっとも，その際に，必ずしも躍起になって書き込みの削除や損害賠償を請求するかどうかは，冷静に判断をする必要があります。なぜなら，特にこういった書き込みに関しては，法的保護に値する権利侵害の有無にかかわらず，怒り等の感情的な意向が強く前に出る傾向があるからです。

　本事案の書き込みも，原告にとっては当然腹立たしく，強い憤りを覚えるものであったと推測されます。しかしながら，裁判所は，書き込みの内容により原告の名誉が毀損されることは明らかではないとして，発信者情報開示請求を認めませんでした。この結果を受けて，例えば，感情に任せて書き込みに対して反論するなどの行動を起こせば，場合によっては原告側が自ら評価を貶めることになりかねません。さらに，原告が反応を示すことによって発信者が手応えを感じて，表現内容や頻度をさらに悪化させる危険もあります。

　加えて，はじめに説明したとおり，あくまで発信者情報開示はステップの1つ目であって，仮にこの請求が認められて発信者の情報を取得した後，さらに（2）書き込みの削除や，（3）書き込みによって受けた損害の賠償請求の手続を行う必要があります。

　これだけを見ても，SNS等による誹謗中傷への対応は非常に複雑で時間がかかることがわかると思います。

　そのため，書き込みに対しては，法的手続を検討することはもちろんですが，その際には専門家と念入りに相談の上，あまり過剰反応をせず，しっかり内容を吟味の上，冷静に対応することが最も重要です。

2 　介護事業所の職員からの発信者情報開示請求について，請求が肯定された事案

東京地判令3・7・15令3（ワ）5583号

#発信者情報開示

事案の概要

　本事案は，介護・福祉サービスを提供している社会福祉法人の従業員であり，統括責任者として勤務している原告が，被告であるインターネット掲示板「爆サイ.com」（以下「爆サイ」といいます）をいわゆる経由プロバイダとした投稿（以下「本件投稿」といいます），原告の名誉を毀損されて権利が侵害されたことが明白であるとし，「特定電気通信役務提供者の損害賠償責任の制限及び発信者情報の開示に関する法律（プロバイダ責任制限法）」4条1項に基づき，発信者の情報として，氏名または名称，住所および電子メールアドレスの開示を求めた事案です。

　裁判所は，結論として電子メールアドレスを含む発信者情報の開示を認めました。

1 　裁判所の判断

　まず，プロバイダ責任制限法4条1項に基づく発信者情報開示請求が認められるためには，東京地判令3・4・15令2（ワ）32713号（本書140頁）の解説

でも説明したように，以下の3つの要件が必要となります。

① 書き込みの対象が開示請求者と同一であること
② 特定電気通信による情報の流通によって自己の権利を侵害されたことが明らかであること
③ 当該発信者情報の開示に正当な理由があること

　ここでは，裁判所が，どのような書き込みに対して，プロバイダ責任制限法4条1項の要件をどのように適用したかについて解説します。

（1）　①書き込みの対象が開示請求者と同一であること

　本件スレッドには，本件投稿に先立ち原告のフルネームを記載した書き込みが投稿されたことに加え，原告が所属する社会福祉法人において，「統括」と称する従業員は原告のみでした。さらに，本件スレッドが原告が所属する社会福祉法人に関する話題に限られたものであることも考慮すると，一般の閲覧者は，本件投稿に記載された「X統括」が原告であることは十分に特定可能でした。

　そのため，書き込みの対象である「X統括」と開示請求者である原告は同一であると認定されました。

（2）　②特定電気通信による情報の流通によって自己の権利を侵害されたことが明らかであること

　原告は，自己の社会的評価の低下，すなわち，名誉を毀損されることが自己の権利の侵害である旨主張していました。

　名誉毀損が認められるためには，（ⅰ）公然と事実を摘示し，社会的評価を低下させることに加え，（ⅱ）違法性阻却事由がないこと，より具体的には，公共の利害に関する事実でない，公益を図る目的がない，または，真実であることの証明がない場合であることが必要となります。

　本件投稿の内容は，具体的な文言は明らかになっていませんが，高齢の介護利用者が食事でむせているにもかかわらず，原告がこれを意に介することなく，食事を口に運び続けた結果，誤嚥性肺炎等を発症させたという事実を摘示するものでした。

　そして，このような事実が摘示されることで，原告が介護の責任者としてはもちろん，介護施設における職員としての適格性を著しく欠くという印象を一般の閲覧者に与えるものであることから，本件投稿は，原告の社会的評価を低下させるものであることは明らかです（（ⅰ））。

　一方，本件投稿は，社会福祉法人による高齢者に対する介護の安全性に関するものであり，公共の利害に該当するものではあるものの，本件投稿には，さらに，「アホ」「ボケ」などと原告を中傷する文言があることを考慮すると，本件投稿は，原告を貶める意図によるものであり，専ら公益を図る目的であると認めることは困難であるとされました。

　さらに，原告は30年以上にわたって介護現場で就労を継続しており，所属する社会福祉法人では，責任者としての地位にあり，さらに介護利用者に対する虐待等が問題となった形跡が窺われないことから，本件投稿の内容は真実に反するものといえ，その発信者が真実であると信じたことについて相当な理由があるとも認め難いものでした（（ⅱ））。

　以上により，本件投稿は，原告の社会的評価を低下させる事実を摘示するもので，違法性阻却事由の存在を窺わせる事情もないため，本件投稿により，原告は自己の権利を侵害されたことは明らかであると判断されました。

（3）　③当該発信者情報の開示に正当な理由があること

　本事案において，原告は，発信者の氏名，住所だけでなく電子メールアドレスの開示も請求していました。被告は，発信者への損害賠償請求権の行使にメールアドレスは不要であることから，メールアドレスの開示には正当な理由がない旨を主張していましたが，電子メールアドレスについては，「特定電気通信役務提供者の損害賠償責任の制限及び発信者情報の開示に関する法律第四

条第一項の発信者情報を定める省令」4号（判決時は3号）により，「侵害情報の発信者の特定に資する情報」として規定されていることから，氏名または名称，住所と同様に発信者の特定に資するものと解するのが相当であるとされました。

　したがって，原告が開示を請求する発信者の氏名または名称，住所，電子メールアドレスの開示にはいずれも正当な理由があると判断されました。

2　実務上のポイント

　近年，SNS等の普及により，利用者や関係者等による誹謗中傷等に悩んでいる介護事業所は多く，介護職員個人がその標的となることも珍しくありません。

　そして，介護職員個人に対する誹謗中傷であるからといって，その内容によっては介護事業所の問題として取り組む必要がある場合もあります。

　例えば本件のように，誤嚥性肺炎を引き起こすような食事介助を介護職員がしていることが内容となっている場合，これは介護職員だけの問題ではなく，介護事業所の管理体制や安全配慮義務の問題ともなり，見過ごすことはできません。何より，介護職員個人の問題であると見て見ぬ振りをすることで，矢面に立たされた介護職員が精神的に疲弊し，精神疾患を発症したり離職したりなどの最悪のケースになることも，決してあり得ないことではありません。

　東京地判令3・4・15令2（ワ）32713号（本書140頁）でも解説したとおり，発信者情報開示はステップの1つ目であって，この請求が認められ，発信者の情報を取得した後，さらに書き込みの削除や書き込みによって受けた損害の賠償請求の手続を行う必要があり，長い道のりとなります。

　しかしながら，その内容によっては，一個人の問題として昇華させず，長い道のりとなっても，介護事業所として原告となる職員をサポートし，専門家と連携の上，全力で全面的に戦わなければならない場面もあるのです。

3　ウェブサイト上への記事の投稿とビラ配布等について記事の削除と損害賠償請求が肯定された事案

東京地判令3・3・29平31（ワ）4207号

#記事削除等請求
#名誉毀損　#損害賠償請求

事案の概要

　本事案は，原告らが被告らに対し，原告らの社会的評価を低下させる事実を記載したビラを配布したり，被告らが運営するウェブサイト上に同ビラと同内容の事実を記載した記事を掲載したりし，原告らの名誉を毀損したとして，不法行為に基づく損害賠償およびウェブサイトに掲載した記事の削除を求めた事案です。

　裁判所は，結論として，金額面では減額したものの，損害賠償および記事の削除をいずれも認めました。

1　本事案の整理

　本事案の主な登場人物は，以下のとおりです。

原告ら
原告X1：Xグループの親会社
株式会社c：Xグループの医療福祉サービス事業における高齢者福祉および子育
　　　　　て支援事業を統括する中間持株会社であり，原告X1の完全子会社
原告X2：介護保険法に基づく訪問介護事業，通所介護サービス付き高齢者住宅
　　　　　（以下「サ高住」といいます）の企画・開発・運営等を営む株式会社
　　　　　であり，株式会社cの完全子会社
被告ら
被告労組：株式会社a（以下「a社」といいます）に勤務していた従業員によっ
　　　　　て組織された労働組合
被告Y2：被告労組の支援団体

　原告X1と原告X2は，孫会社の関係にあります。

　上記の登場人物だけを見ると，なぜ被告らが原告らに名誉毀損行為をしたのかよくわからないと思います。

　元々a社は，株式会社e（以下「e社」といいます）が原告X1から受注していた雑誌の編集制作業務の再委託を受けて同業務を行っていたのですが，名誉毀損行為を行うきっかけとなったのは，原告X1がe社への雑誌制作作業に係る業務委託契約を終了させたことです。その後，a社は2度の不渡りを出し自己破産となったのですが，その際，破産管財人が原告X1に対し，原告X1が被告労組の結成を理由として一方的にe社との継続的契約を解除したとして，損害金の支払を請求する民事訴訟を提起しました。もっとも，a社の破産管財人による請求は棄却され，判決も確定しています。

　しかしながら，被告労組は，判決確定後，原告X1を使用者として団体交渉への対応を求めたり，被告Y2の構成員が原告X1の株主総会に出席してすでに決着している内容をはじめとした質問を繰り返したりするなどした他，ビラの配布やウェブサイトへの投稿を繰り返したことから，原告X1は複数回にわたり，被告らに対して損害賠償を請求する訴訟を提起し，勝訴判決を得ていま

した。

　今回問題となっているビラおよびウェブサイトの内容は，以下のようなものです。

（1）　毎回，ａ社関係者の株主やＸ１の現状を憂いて質問している心ある株主に対して経営陣が質問を封じ，まともな回答をせずに，最近は「さくら株主」を使ってａ社関係者の株主への誹謗・中傷を行わせるなどしながら，質疑を打ち切って総会を終わらせています。」

（2）　Ｘ２のやつ犯人と違いますか？

（3）　利益しか考えないＸ２ですから金で伏せてるのでは。

　（2）と（3）は，原告Ｘ２が運営するサ高住において殺人事件が発生したことに関するものです。

　本事案では，これらの発言が名誉毀損に当たるかが争われました。

2　裁判所の判断

　裁判所は，名誉毀損の要件に従い，本事案の各発言について，以下の観点からそれぞれ検討をしました。

---

①　本件各表現行為が原告らの社会的評価を低下させるか。

②　本件各表現行為の摘示事実に公共性がありその摘示に公益目的があり，かつ，その事実は真実であるか。

③　また，本件各表現行為によって摘示されている事実または意見もしくは論評の前提事実が真実であるということができない場合でも，被告らにおいてその事実を真実と信ずるについて相当な理由があるということができ，その結果，本件各表現行為をした被告らに故意または過失がないということができるか。

（1）　①について

　まず，裁判所は，発言（1）が，原告らの社会的評価を低下させるか否かについては，一般読者の普通の注意と読み方を基準として判断するとした上で，「さくら」に他人の「まわし者」という意味合いがあることなどから，あたかも原告Ｘ１が正当な理由なく株主の質問を封じたり，事前に通謀した株主に被告関係者に当たる株主へ誹謗中傷をさせて質問権を侵害したりするなどの事実を摘示するものであり，原告Ｘ１がこのような不当な株主総会運営を行っているという印象を与え，社会的評価を低下させるものであると判断しました。

　これに対して被告らは，あくまで労働組合の情宣活動の一環であり，被告らの一方的な主張であることは明白であるため，原告らの社会的評価を低下させるものではないと反論していました。

　しかしながら，裁判所は，この発言を見た者が，仮に当事者一方からの主張であると理解しても，それを事実無根であると理解することはなく，むしろ労働組合からの指摘であるという事情から相応の根拠を持った指摘であると理解する可能性もあるとして，被告らの反論を認めませんでした。

　次に，原告Ｘ２に係る発言（2）と（3）については，これらの発言以前に，原告Ｘ２が運営するサ高住において殺人事件が発生したことに関して，記者会見を行わない原告Ｘ２の対応について被告らのブログで疑問が呈されるなどしており，原告らが殺人事件という重大事件の発生にもかかわらず真相究明に消極的であることを前提に，あたかも原告らの関係者が同殺人事件の犯人であるかのような事実を摘示し，さらにはその真相を金銭の力で隠蔽しているかのような事実を摘示するものでした。これは，訪問介護事業，サ高住の運営を主な事業としている原告Ｘ２の関係者が本件施設の入居者を殺害した上，この殺人事件に関する情報を隠蔽する目的で原告らが警察，報道機関等に金銭を交付しているとの印象を与えるものであることから，原告らの社会的評価を低下させるものであると判断しました。

　なお，被告らは，各発言の方法や原告らと被告らの関係に鑑みると，不法行

為を構成するほどの違法性がない旨主張していましたが，ビラが配布されたのは株主総会の日の通勤時間帯であり，さらには原告らの関係会社の従業員であるか否かを問わず配布していたこと，ウェブサイトは不特定多数の者が閲覧できることから，その方法は発言を広範囲に拡散するもので，かつ，内容も決して穏当ではなく，正当な争議行為として保護されるものでもないとして，被告の反論を否定しています。

（2）　②および③について

まず，裁判所は，発言（1）は一部上場会社である原告Ｘ1の株主総会の運営に関するものであること，発言（2）および（3）は公訴提起前の犯罪事実に関するものであることから，いずれも公共の利害に関する事実には当たるものの，各発言の前後の内容等を踏まえると，専ら公益を図る目的をもって摘示したと認めることは困難であるとしました。

その上で，発言（1）について，原告らの株主総会運営が裁量を逸脱していることは何ら立証されておらず，さらに発言（2）については，殺害された利用者の夫が殺人罪で逮捕，起訴されていることが報道されていることからも，被告らの摘示した事実は真実ではなく，さらにこれらを信じたことに相当な理由もないと判断されました。

（3）　結　論

以上のことから，裁判所は，被告らのビラおよびウェブサイト上の記載は名誉毀損に当たるとし，被告らに対して合計で約50万円の損害賠償の支払とウェブサイト上の書き込みの削除を命じました。

3　実務上のポイント

本事案では，そもそも原告らの労働組合でもない被告労組やその関係者による執拗な攻撃に対し，本判決以前にも6件以上の損害賠償請求や記事の削除請

求がされており，記事を削除しないことに対する間接強制の申立ても行われるなど，徹底抗戦の姿勢が示されています。

　このような態度で臨むこと自体に意味がありますが，慰謝料額がどうしても低額になる傾向があることから，相手にとって必ずしも決定打とならず，本件のように何度法的手続をとっても完全には是正されない場合もあります。このような場合に，どこまで抗戦を続けるかについても判断の必要があります。

　法的手続を利用する際には，どのような手段を，どのようなタイミングで利用し，そしていつまで行うかなど，しっかり専門家と話し合って決めるようにしましょう。

4 ブログへの投稿等とビラの配布行為等について各行為を禁止する仮処分が肯定された事案

東京地決立川支部令3・3・24令2（ヨ）76号

#ビラ配布等の禁止
#名誉毀損　#平穏生活権の
侵害　#仮処分命令の申立て

事案の概要

　本事案は，サービス付き高齢者住宅が運営されていた土地建物（以下「本件不動産」といいます）を管理する会社の代表取締役である債権者が，債務者が本件不動産のサブリース契約に関して債権者が反社会的勢力と関係を有している旨を記載したビラを配布するなどして債権者の名誉権および平穏生活権を害したと主張し，債務者に対し，人格権に基づき，ビラの配布等を禁止する旨の仮処分命令を求める事案です。

　判決文の中では別紙が省略されていることから，正確な主文はわかりませんが，結論として，裁判所は債務者による上記記載をしたビラの配布行為，ブログへの投稿等の行為を禁止しました。

　なお，仮処分命令の申立てにおいては，仮処分を求める当事者のことを債権者，仮処分により行為の禁止を求められている当事者のことを債務者と呼びます。

1　本事案の経緯

本事案では，本件不動産をめぐって，以下のような登場人物が存在します。

本件不動産の管理会社の代表取締役：債権者
- 本件不動産の所有者（債権者の父）
- 本件不動産の管理会社（債権者が代表取締役を務める会社）：d社
- 本件不動産でサ高住を運用していた会社：g社

政治団体e社の代表者兼会計責任者：債務者
- 現在g社から転貸を受けて本件不動産でサ高住事業を運営する会社：h社
- 介護報酬の不正受給を理由として事業所の指定取消処分を受けた会社：j社
- j社と同じサ高住事業を営むグループに属していた一般社団法人：k法人

　介護事業の運営においては複数の当事者が関係することが多く，本事案においても，サ高住を運営する会社，当該サ高住の土地建物の管理会社および所有者がそれぞれ異なります。

　さらに，本事案では，当初サ高住を運営していたg社がh社に対してさらに転貸をしていたところ，政治団体eの代表者兼会計責任者であった債務者が債権者が詐欺集団であり反社会的勢力に属するh社に対し，その属性を知りながら本件不動産を賃貸し，よってh社の活動を助長したという趣旨（以下「本件事実」といいます）のビラの配布およびブログの投稿を行いました。

　h社が反社会的勢力であるとされている理由としては，元々の経緯として，k法人がg社から本件不動産の転貸を受けてサ高住を運営しようとしていたところ，j社の指定取消処分によってグループ法人であったk法人が当該サ高住の事業者指定を受けられなかったため，同グループで同事業を担当していた従業員が新たにh社を設立し，同事業を引き継ぐことになったことがありました。すなわち，詐欺行為を行う反社会的勢力であるj社と新たに設立されたh社は基盤を同じくしているのであるから，h社も反社会的勢力である，というのが

債務者の主張です。

　これに対して債権者は，発信者情報開示請求などによってブログの投稿者を特定し，ビラの配布やブログの投稿をやめるよう伝えたにもかかわらず，それ以後もブログの投稿が続いていたことから，債務者に対して，ビラ配布の禁止やブログへの投稿を禁止する旨の仮処分命令を申し立てたのです。

2　仮処分命令申立てとは

　仮処分命令申立ては，通常の訴訟の前に行う仮の手続です。訴訟は，訴えを提起してから判決によって権利が確定するまでに相当の期間を要するため，（ⅰ）被保全権利が存在し，（ⅱ）その保全の必要性が存在する場合には，仮処分命令の申立てをすることで，迅速に権利の保全を図ることができます。

　本事案では，（ⅰ）（ⅱ）の要件をさらに分解し，以下の5つの争点について検討されました。①ないし④が（ⅰ）被保全権利の存在に係る部分です。

---

①　債権者主張に係る各行為は債務者が行ったものであるか
②　名誉毀損
③　真実性ないし真実相当性の抗弁
④　平穏生活権の侵害
⑤　保全の必要性

3　裁判所の判断

（1）　①について

　本事案において，債権者は，本件事実を記載したビラは債務者によってa市議会議員14名の他，民家複数軒，他の介護福祉施設，債権者と取引のある銀行

などに配布されたと主張しており，このうち議員へのビラの配布は，債務者が政治団体eの代表者として行ったことが認められるとしましたが，その他のビラの配布は，その内容が不明であったり，必ずしも債務者が行ったかどうかは不明であったりするため，債務者の行為であるとは認めませんでした。

　また，ブログの投稿に関しては，投稿者を明らかに特定できる情報はなかったものの，発信者情報開示および仮の削除を求める仮処分が認容された際，債務者が債権者代理人弁護士に対して，本件各記事を投稿したのはe団体であると述べていたことから，債務者による行為であると認定されました。

（2）　②について

　本事案においては，①の行為が債務者の行為であると認定されており，ビラ配布行為はそれ自体が相当多数の人に対する配布である上，不特定多数人に対する伝播可能性もある行為であることから，公然性の要件を満たし，さらに，インターネット上に公開されているブログへの投稿行為も，公然性の要件を満たすことは明らかです。

　さらに，ビラ配布やブログへの投稿は，いずれも本件事実を摘示するものであるため，債権者の社会的評価を低下させるものであるとして，名誉毀損に当たると認定されました。

（3）　③について

　本事案では，ｊ社が不正請求を行ったとして事業所の指定を取り消された事実はあるものの，そもそもｊ社が反社会的勢力に該当することを認めるに足りる資料はありませんでした。債務者は，ｊ社による架空請求等の手口などから，広く「反社会的勢力」との表現を用いただけであると主張していましたが，名誉毀損における事実の摘示の内容は，一般の読者の普通の注意と読み方を基準に判断すべきであり，一般の読者としては，反社会的勢力という表現に接した際，行為のいかん以上に，暴力団をはじめとする集団の属性のほうをより強く想起するものと考えられるとして，債務者の反論を容れませんでした。

　また，そもそもj社とh社は別法人であり，両者の間には資本提携関係も役員の重複も存在しませんでした。そのため，架空請求に関しても，h社とj社との間に強い一体性があるものとも認められませんでした。

　これらの事情により，債務者が摘示した事実は真実ではなく，さらに，事実の摘示にあたって十分な調査がされたことも窺えないため，真実相当性の抗弁も成立しないと認定しました。

（4）　④について

　債務者は，ビラやブログ投稿において，債権者の自宅外観の画像を掲載したり，殊更に債権者の社会的評価を低下させるような内容のビラを債権者と関係を有する者に配布したりしていました。このような事情から，債務者の行為は，債権者の生活の平穏を害するものと認められました。

（5）　⑤について

　仮の地位を定める仮処分命令においては，債権者に生ずる著しい損害または急迫の危険を避ける必要性が疎明される必要があります。

　本事案では，発信者情報開示および仮の削除を求める仮処分の認容後に，さらにブログにおいて「○○は，集団詐欺を働いたので反社会的勢力ですよ。何でその部分をX元市長さんは，認めないのですか？」などと投稿していました。このことから，債務者が今後も同様の活動を行うという意思は相当に強固なものであるといえ，今後も，本件不動産に関して債権者が反社会的勢力と関係を有しているという趣旨の情報発信等がインターネット上で継続される蓋然性が極めて高い状況であると認められました。

　さらに，債務者の行為とは認められなかったビラの配布等に関しても，債務者がe団体において極めて中心的かつ主導的な地位にあることを前提にすれば，少なくとも関与があったことが強く推認され，今後も民家や他の介護事業所，債権者の自宅や事業所，その周囲の者を訪問して本件ビラを投函する，ファクシミリを送信するなどの名誉毀損ないし生活妨害行為を行う蓋然性も高いと認

められました。

　そして，これらの行為は，政治活動ないし表現の自由として許容される範囲を逸脱しており，債権者の社会的評価の低下等の著しい損害を避けるため，ビラ配布等の行為を禁止する必要があると判断されました。

(6)　小　括

　以上により，債権者の申立てには理由があるとして，ビラ配布等の行為の禁止が認められました。

4　実務上のポイント

　介護事業においては，現在様々な業態からの参入が増えており，また，事業所運営にあたっては様々な関係者と意図せず関わり合いになることがあります。その中で，避けられない関わり合いもあるものの，転貸や事業の委託などが繰り返される場合には，その契約先についての制限を設けたり，その情報を確実に得られるような契約を締結したりすることが重要です。具体的には，契約書等において，事業の再委託を原則として禁止し，再委託をする場合には事前に報告の上，同意を必要としておくなど，少なくとも委託者として管理が及ぶ状態を整えておく必要があります。

　本事案においては，反社会的勢力の関わりがあったかどうか，債権者がそのことをどの程度把握していたかについてははっきりしない点もありますが，このような，直接的には自分と関係のないところで誹謗中傷をされたり，これにより生活や事業運営が害されたり滞ることがあれば，事業継続は困難となります。

　契約書のリーガルチェックやスキーム作りについては，専門家の力を借りながら確実に進めていきましょう。

第 **5** 章

経営に関するあれこれ

　介護事業所を運営するためには，多くの外部業者との契約も必要
となります。例えば，施設を建設するためには，設計士や建築業者
へ依頼する必要がありますし，自ら施設を所有しない場合には，建
物の所有者との間で賃貸借契約を締結することが必要となります。

　また，福祉用具等を扱う事業所では，商標の問題が発生する他，
フランチャイズ契約を締結する際のトラブルや，近年はM&Aによ
り事業譲渡をする際のトラブルなども発生し，介護事業所としても，
介護サービスの提供のみに気を配っていては済まないケースも増え
ています。

　第5章では，介護事業所を運営するにあたって発生する様々な紛
争のうち，訴訟化した裁判とその結果について解説します。

1 サ高住の設計契約について費用の支払請求および債務不履行に基づく損害賠償請求がいずれも否定された事案

東京地判令3・2・19平30（ワ）14270号，平30（ワ）26167号

#サ高住の設計契約
#債務不履行
#損害賠償請求

事案の概要

　本事案は，建築設計監理事務等を目的とするＸと，介護保険法に基づく特定施設入居者生活介護等を業とするＹとの間で締結された新築建物の設計管理業務委託契約に関して，

（1）　ＸからＹに対して費用の支払請求
（2）　ＹからＸに対して債務不履行に基づく損害賠償請求

がされた事案です。

　裁判所は，（1）（2）いずれの請求も棄却しましたが，主な争点となったのは，

①　ＸとＹとの間の契約の内容
②　Ｘが業務をどの段階まで終了したか
③　Ｘの債務不履行の有無

の3点です。

　本事案では，ＹがＸに委託した設計管理業務が，「サービス付き高齢者向け住宅」であったことがポイントとなっています。

1　「サービス付き高齢者向け住宅」

　「サービス付き高齢者向け住宅」は，高齢者の居住の安定確保に関する法律5条以下で規定される，バリアフリー構造等を有し，介護・医療と連携して高齢者を支援するサービスを提供する住宅です。「サービス付き高齢者向け住宅」（以下「サ高住」ともいいます）は，面積，構造・設備，バリアフリー等の法律が定めた登録基準や各自治体が定める基準を満たした上，物件ごとに都道府県知事の登録を受ける必要があり，助成金，税制上の優遇措置，公的融資等の支援制度を受ける際にも，これらの要件を満たすことが前提条件とされています。

　そのため，建築確認後にサ高住としての基準を満たしていないことが判明するといった事態を避けるため，実務上，建築確認申請に先立ち，東京都がサ高住の登録事務を委託している東京都福祉保健財団との間で事前協議を経る必要があることとされていました。

　このように，「サービス付き高齢者向け住宅」は，通常の建物の設計等に比して特別な配慮が必要となる建物です。

2　ＸとＹとの間の契約の内容

　Ｘは，ＸとＹとの間の契約の内容として，建築設計業務と監理業務を内容とする準委任契約ではあるが，Ｘには元々サ高住の経験がなく，申請手続に協力する予定もなければ，居室数については依頼条件に含まれていなかったと主張していました。

　しかしながら，裁判所は，本件において，XはYに対して「主要用途　サービス付き高齢者住宅」とする重要事項説明を交付していたこと，打ち合わせの際には，YからXに対して本件建物の居室数などといった希望を伝え，さらに打ち合わせに同席した行政書士が，Xの代表者に対して，必要書類一覧表およびサ高住の充足要件であるバリアフリー基準への対応状況を確認するためのチェックリストを示して説明をしていたこと，X代表者も，自らが理解するサ高住について示すなど，サ高住の設計の依頼を受けたことを否定した形跡がなかったこと，その後も，サ高住として建物を設計し，その協力をすることを認識していたと考えられる行動をとっていたことから，XとYとの間の契約内容は，サ高住として本件建物を設計するものであったと認定しました。

3　裁判所の判断

（1）　Xが業務をどの段階まで終了したか

　Xは，本件の設計業務はいずれも完了したとして業務報酬全額を請求していました。しかしながら，裁判所は，設計業務すべてが完了したとはいえず，Yの既払金に相当する出来高しか認められないと認定しました。

　具体的には，まず，サ高住の基本設計に関しては，建築確認申請に先立ち確認申請図面一式を作成し，曲がりなりにもサ高住を前提とした条件の整理やチェックリストの作成業務にも応じ，東京都福祉保健財団との協議も終了し，実際に被告から委任を得て建築確認申請手続を行っていました。

　しかしながら，本件確認申請図面は，窓先空地が確保されておらず北側斜線制限に抵触するもので，建築関連法規に適合するような調査や検討がなされていなかったため，これを完成させるには一定の修正を避け難いものでした。

　そのため，裁判所は，当該基本設計が一定の修正をすることで建築が可能となるもので，設計図書作成までに行われた設計条件の整理や必要な調査業務等の価値が失われるものではないことを考慮して，基本設計業務部分の報酬の

80％が報酬として発生しているが，基本設計は完了していないと認定しました。

次に，実施設計は，工事施工者が設計図書の内容を正確に読み取り，設計意図に合致した建築物の工事を的確に行うことができるよう，また，工事費の適正な見積りができるように，基本設計において設定された設計意図をより詳細に具体化し，その結果として成果図書を作成するために必要な業務であるところ，そもそも基本設計が完成していない以上，実施設計業務について完成または出来高を認めることは困難であるとしました。

（2）　Xの債務不履行の有無

Yは，Xが3の事情なども含め容易には修復し得ないほど重大な法令違反のある設計をしたなどとして，原告に債務不履行がある旨の主張をしていました。

これに対して裁判所は，Xによる確認申請図面には建築関連法規に抵触する点はあったものの，これによる建築がおよそ不可能という性質のものではなかったことから，裁判所は，Xの設計業務が不完全で，それにより出来高を認めないこと以上に損害賠償を認めるべき事情がない旨を認定しました。

4　実務上のポイント

本事案では，「サービス付き高齢者向け住宅」の設計という特別な建物の設計に関して，当事者間での具体的な居室数等の詳細条件の合意の有無にかかわらず，「サービス付き高齢者向け住宅」として当然に備えるべき条件を整えることが契約内容となることを認めたことに事案としての特徴があります。

他方，Xの業務が完成したとはいえないにもかかわらず，一定の出来高による報酬は認められ，債務不履行や不法行為責任も認められませんでした。

この結果を見れば，Xの立場であるとYの立場であるとにかかわらず，契約締結時に契約内容を確実に取り決めておくことがいかに重要であるかがわかります。

建物の建築や設計は決して安い買い物ではありません。本事案で，Xはサ高

住の設計をしたことがない旨などを述べており，設計を委託したY側が，最終的に設計が予定どおりに進まないリスクを負ってまでXに委託をすべきだったのかは非常に疑問です。結果的に，Yの手元には不完全な基本設計のみが残り，このまま設計や建設を進めるには，新たに他の設計士に依頼するなど別途費用がかかることが想定されます。何より，最終的に相手方に対する損害賠償が認められたり，報酬を支払わなくてよかったりしたとしても，このような工期の遅延等が経営に与える影響は絶大です。

　委託をする側としては，契約相手の属性や能力，得手不得手などをしっかり調査の上，契約締結に進むようにしましょう。

2 | 転貸借契約に基づく未払賃料の支払請求について支払義務が肯定された事案

東京地判令3・8・31令元（ワ）31243号

#転貸借契約　#直接契約
#合意

事案の概要

　本事案は，介護老人保健施設等を経営する医療法人であるＸが，介護施設全般の設置および運営に関するコンサルティング業務等を目的とする株式会社であるＹとの間で締結した転貸借契約に基づき，未払賃料を請求した事案です。

　この事案では，オーナーが建物を，「高齢者住宅事業，在宅介護事業」の目的のために転貸することを承諾してＸに賃貸し，さらにＸが同建物を同目的のためにＹに転貸しています。

　介護事業においては，単に建物を賃貸して介護事業所を運営する場合の他，このような転貸借が生じる契約類型が非常に多く，契約当事者や契約関係が複雑になることがしばしばあります。本事案では，契約終了の時期や契約時の取り決め等が争点となっており，裁判所は，結論としてＸの請求を認容しました。

---

1 本事案の時系列

　本事案の時系列は以下のとおりです。

平成24（2012）年 12月5日	Xとオーナーとの間で建物の原賃貸借契約締結。
平成27（2015）年 3月5日	XとYとの間で転貸借契約締結。
平成28（2016）年 1月20日	オーナーからYに賃料の直接請求。
平成29（2017）年 4月分以降	Yからオーナーに賃料の直接支払（一部）。
平成30（2018）年 2月1日	Xとオーナーとの間の原賃貸借契約終了（3月7日付）。
平成30（2018）年 3月7日	オーナーとYとの間で賃貸借契約締結。

　平成29（2017）年4月以降，Yはオーナーに対して賃料を直接支払っています。Xは，Yとの間の転貸借契約に基づいて，平成29（2017）年4月以降の転貸料を請求していますが，これに対してYは，平成29（2017）年3月31日付で転貸借契約を更新せず終了したと主張し，転貸料の発生を否定しました。

　また，Yはこれに加えて，Xとの転貸借契約の際に，転貸借契約の対象となっている建物に入る施設だけでなくXが運営していた他の施設についても承継し，さらに政治家を通じて融資を受けることを約束していたにもかかわらずXがこれらの約束を果たさなかったことを債務不履行であるとして，転貸料との相殺を主張していました。

2　裁判所の判断

（1）　転貸借契約の終了

　本事案においては，転貸借契約の終了が明確に合意された証拠等はなく，XとY，Xとオーナー，Yとオーナーそれぞれで行われるやりとりから，間接的に，契約が更新されたかどうかが検討されました。

　具体的には，平成29（2017）年４月からの転貸借契約に関して，転貸料が増額されることとなっており，これを受けて，Ｙの株主であるＣが原告との間で転貸借契約の更新に関してメールのやりとりをしていました。また，更新時において，Ｘはオーナーへの賃料の支払を遅滞しており，このような状況からも，転貸借契約を更新することは考えられない状況であった旨も主張されていました。

　しかしながら，ＣがＸに送付したメールでは「このような状況の中でさらに賃料が上がるとなると，運営会社である○○としても厳しい状況でございますので，ａ施設（Ｙが引き継ぎ予定があったと主張している施設）の今後の見通しも含めて，ご相談の機会を頂ければ幸いです。」と記載されているのみで，契約を更新しない旨の明確な意思表示はされていませんでした。

　また，オーナーとの関係でも，オーナーとＸとの間の賃貸借契約が解除され，オーナーとＹとの間で新たに賃貸借契約が締結されたのは，平成30（2018）年３月７日のことであり，それ以前に，具体的に契約関係が整理されたことはありませんでした。

　これらの事情から，平成29（2017）年３月31日段階では，ＸとＹとの間の転貸借契約は終了しておらず，ＹはＸに対して転貸料を支払う義務を負うと判断されました。なお，転貸料については，Ｙがオーナーに直接支払った金額は差し引かれて計算されています。

（2）　Ｙによる相殺の主張

　ＹはＸとの転貸借契約の際に，これに付随してＸが運営していた他の施設についても承継し，さらに政治家を通じて融資を受けることを約束していた旨主張していました。

　そして，その根拠として，Ｙとしてはその他の施設も承継しなければ経営が成り立たないなどの状況があったことも併せて主張していました。

　裁判所はＸとＹの契約の経緯の認定にあたり，政治家を通じての融資などについて話がされたことは認定したものの，具体的にＸとＹとの間で本件転貸借

契約につき，その他の施設を承継することや政治家を通じた融資の実行が条件とされたり，これらの実行の時期・内容を確定的に定める旨の書面が作成されたりした形跡はありませんでした。

　そのため，XとYとの間ではこのような合意はそもそもなかったとして，被告による相殺の主張は否定されるに至りました。

3　実務上のポイント

　本事案においては，Yからの主張がすべて退けられ，Xの請求が認められています。

　本事案におけるYの主張を単なる言いがかりと見るか，本来存在したはずの合意が認定されなかったと見るかにより，本事案の性質は大きく変わります。

　はじめに説明したように，介護業界においては複数の関係者が複雑な契約関係を築いている場合も多く，その中で，事業や施設等のM&Aが行われたり介護事業に明るくない法人が新規参入をし，その際にコンサルティング会社に運営を任せたりすることもしばしばです。

　そのような中で，本来は確実に条件を詰めて契約関係を明確にすべき場面が，一方の法人の知識不足，経験不足により口約束や担当者同士のニュアンスのやりとりで済まされ，いざとなった時に想定外の金銭の請求等がされることがあります。そのため，本事案のように，融資や他の施設についても承継するというような，本契約からは必ずしも導き出されないような合意が存在する場合には，必ずその内容を明確化して契約内容に組み込む，または覚書等を作成することが必須です。

　法人同士の契約においては，ビジネスである以上，実際には知識や経験に大きな差があったとしても，消費者契約法などの一方を保護する法律は適用されません。そのため，契約内容を確実に詰めておかなければ，一方的に一方当事者に不利な契約も締結され得ます。「こうだと思っていた」「相手を信用していた」などの曖昧なやりとりは許されないのです。

3 株式売却についてM&Aの仲介業者からの報酬請求が肯定された事案

東京地判令3・7・15令元（ワ）31374号

＃M&A　＃仲介会社

事案の概要

　本事案は，自ら交渉の末，自己が100％の株式を保有する株式会社Ｚの株式を第三者に売却したＹが，同株式売却の仲介業務および助言を行ったとするM&Aの仲介会社Ｘから報酬請求を求められた事案です。

　Ｙは，契約書が締結されていないことや自ら直接交渉して株式の売却に至ったなどを主張しましたが，結論としては，Ｘの報酬請求が認められました。

1　争点と裁判所の判断

　本事案の争点は，ＸとＹとの間でアドバイザリー契約が成立していたかという点です。

　Ｙは，①契約書が作成されていないこと，②当初予定されていた事業譲渡の形式ではなく株式譲渡に変更されたこと，③Ｙが自ら条件面の交渉や書面の作成を行っていたことなどを主張し，アドバイザリー契約は成立していないと主張しました。

　これに対し裁判所は，①当初，ＸＺ間でアドバイザリー契約が締結され，候補企業の紹介や条件面の調整等のアドバイザリー業務が提供されていたこと，②売却方式が株式譲渡に変更された後，Ｘの担当者から株式譲渡契約の成約に至るよう，基本合意書の締結のための面談の設定や基本合意書案の作成，Ｙから送付を受けたその余の条件等に関する契約書案等の内容の調整，最終合意に向けた面談の設定等のアドバイザリー業務を行い，株式譲渡契約の成立にも立ち会う等の業務提供をしていたこと，③ＸＹ間でアドバイザリー契約が締結されておらず，Ｙから報酬が支払われないのであれば，Ｘの担当者がアドバイザリー業務を提供する理由はないことなどを指摘し，ＸＹ間でのアドバイザリー契約の成立を認めました。

　上記②のとおり，Ｘの担当者はＹに対してアドバイザリー業務を行っており，Ｙに対してもアドバイザリー業務に関するメールを送るなどしています。裁判所も指摘するとおり，アドバイザリー契約を締結していないのであれば，Ｘの担当者がこのような業務をすることはあり得ず，しかも，アドバイスを受ける会社自身が先行して契約を締結していましたので，この状況でアドバイザリー契約を締結していないという主張は無理があったと思います。

2　本事案のポイント

(1)　仲介業者の業務内容の範囲

　本事案は，企業買収に関する紛争です。企業買収に関する紛争類型としては，買収後に，事前に聞いていた内容と異なるなどとして売主に責任追及をするというケースが典型例です。本事案はこれとは異なり，売主と仲介会社との間で，両者間の契約が成立していたのか，売主は仲介会社に報酬を支払う義務があるのかが争われました。

　実は，企業買収において，売主または買主が仲介会社との間で紛争になるケースも多く見受けられます。こうした仲介会社との紛争が生じる大きな原因

の1つとして，企業買収の仲介業務について法規制がないことが挙げられます。法規制がないため，仲介業者が仲介業務を行うにあたり守るべきルールや報酬基準が定まっていない状況にあり，仲介業務の依頼者側と仲介業者の利害が対立してしまうことから紛争が生じてしまうという構造にあります。

　すなわち，本事案におけるYのように，通常はアドバイザリー業務を依頼したのであれば，「自身に有利な交渉をしてくれる」「主体的に相手方と交渉してくれる」と考える方が多いのではないかと思います。

　しかしながら，通常，仲介業者は，「依頼者にとって有利な条件で交渉をする」「仲介業者自ら買主や売主と交渉し，細部の条件を詰める」という義務を負っていません。例えば，本事案においてXが提供したアドバイザリー業務の内容としては，株式譲渡契約の成約に至るよう，基本合意書の締結のための面談の設定や基本合意書案の作成，Yから送付を受けたその余の条件等に関する契約書案等の内容の調整，最終合意に向けた面談の設定等であり，アドバイザリー契約の内容としてもこれらの業務を提供することが定められていたのだと思います。このように，あくまでもアドバイザリーとしての助言，支援が業務の内容であり，契約締結に向けて主体的に段取りをしたり，代理人として交渉をしたりすることは業務の内容になっていないことが通常です。

　また，仲介業者には双方代理禁止の規制がないので，1つの仲介業者が，売主および買主の双方の仲介業務を担うことも許されています。そのような状況で，仲介業者が売主および買主の一方の利益だけを図るように業務を遂行することを求めることは困難です。

（2）　アドバイザリー業務の報酬

　さらに，通常，アドバイザリー業務の報酬は，事業譲渡等の企業買収の成立により発生すると設定されています。そうすると，仲介業者としては，当然，企業買収を成立させることを主たる目的にせざるを得ず，売主および買主にリスクがあったとしても，企業買収を成立させようとするインセンティブが働いてしまいます。

3　実務上のポイント

　上記2のように，仲介業者と売主および買主は，構造的に利害が対立する構造にあります。したがって，企業買収について仲介業者に依頼をする際には，このような構造にあること十分に理解した上で，仲介業者に依頼する業務と自社で対応する業務をしっかりと峻別しましょう。企業買収において，仲介業者の役割は非常に大きなものですが，仲介業者に頼り切ることは，紛争の火種を作ることにもなるということを理解した上で，企業買収に取り組むようにしましょう。特に，介護事業は非常に公共性の高い事業なので，事業を譲渡した後に紛争になるなど，買主や利用者に迷惑をかけないように，適切に企業買収を行うことを心がけましょう。

　また，企業買収は廃業の手段として用いられることも増えています。たとえ廃業であったとしても，仲介業者に任せきりにせずに，主体的に段取りや交渉をするように心がけましょう。

4 | フランチャイズ契約について未払会費の請求が肯定され違約金の請求が否定された事案

東京地判令3・12・21平30（ワ）37574号

#フランチャイズ契約
#未払会費
#競合避止義務違反

事案の概要

　本事案は，通所介護事業のフランチャイザーであるＸが，フランチャイジーであるＹに対して，未払いの会費，フライチャイズ退会後に類似事業を行ったことなどを理由とする違約金の 支払などを求めた事例です。

　裁判所は，未払いの会費請求は認めましたが，違約金の請求については否定しました。

1　争点および裁判所の判断

（1）　競業避止の違約金

　本事案においては，①Ｙによる競業と②Ｙの代表者が100％株主であるＺ社による競業について，Ｙの競業避止義務違反が問題となりました。

　①については，ＸとＹがフランチャイズ契約を解消し，Ｙが事業所を閉鎖し

た後も事業所の看板が残っており，ZがYが使用していた機器を使用してデイサービス事業を営んでいたことから，退会後の競業であるかが問題となりました。

しかしながら，裁判所は，Yが事業所を閉鎖し，利用者にもその旨を知らせていたことから，フランチャイズ契約終了後も自ら類似事業を行っていたとはいえないと判断しました。

②については，Yがフランチャイズ契約終了後にZに類似事業をさせており，これがフランチャイズ契約に定める競業避止義務に違反するかが問題となりました。

この点について裁判所は，Yの代表者がZの経営に関与していないこと，Xが提供するサービスとZが提供するサービスの類似性が高くはないことなどを指摘し，YがZに競業行為を行わせたとはいえないと判断しました。

（2）　事業継続違約金

Xは，Yがフランチャイズ契約終了後も事業所の看板を設置したままにしていたことが，フランチャイズの入会事業者を装い業務を行ったとして，フランチャイズ契約に定める契約終了後の措置を履行していないことを理由に，Yに対して違約金の支払を求めました。

しかしながら，裁判所は，Yがフランチャイズ契約終了後に事業所を閉鎖しているため，フランチャイズの入会事業者を装い業務を行っていないとして，Xの主張を否定しました。

2　実務上のポイント

介護事業を問わず，フランチャイズ契約の終了をめぐるトラブルは多くあります。特に介護事業は，国が運営方針，人員配置，報酬基準を決めており，それ自体フランチャイズの側面があり，安定した収入が確保しやすい一方で，他の業種に比べて事業の自由度が低くなっています。

　このような介護業界において，フランチャイズグループに加入することについては，いくつかの問題点をはらんでいます。

　そもそも，フランチャイズグループへの加入の主たるメリットとしては，①本部のブランド力・営業力を活かせること，②高度なノウハウが手に入ることが挙げられると思います。しかしながら，上記の2点は，介護業界においては，大きなメリットにはなりません。

　まず，①については，現在介護業界においては，フランチャイザーの看板だけで集客ができるようなフランチャイズグループはほとんどないはずです。例えば，大手コンビニチェーンのフランチャイズのように，誰でも知っているような看板を利用できる場合と比較するとわかりやすいのではないかと思います。また，介護事業では，ケアマネジャーからの紹介で利用者と接点を持つことが多く，特に本事案で問題になった通所事業においては，利用者から直接申込みがあるケースは稀ではないかと思います。このような観点から，①については，大きなメリットにはならないと考えます。

　次に，②についてですが，たしかに，新規参入時に介護に関するノウハウを得ることができるというメリットは大きいと思います。ノウハウがないことから，フランチャイズグループに加盟してノウハウを吸収したいと考える方もいると思います。

　しかしながら，このような場合でも，フランチャイズグループ加入のメリットとデメリットを慎重に判断するべきです。

　まず，高度なノウハウが手に入ったとしても，介護保険外のサービスを提供しない限りは，通常の介護報酬の基準でしか売上が上がりません。そうすると，加盟料を払って高度なノウハウを取得したとしても，それに見合う収益を上げることができません。

　また，フランチャイズグループに加入する以上，毎月加盟料が必要になるはずですし，その後自社だけで運営できるようになったとしても簡単にフランチャイズグループから撤退できるわけではありません（通常，高額な違約金や競業避止義務が設定されています）。

　このようなメリットとデメリットを比較し，本当にメリットのほうが大きいのかどうかを慎重に判断する必要があると思います。実際に，加盟料の支払により収益が圧迫されているものの，違約金や競業避止義務があるため脱退ができないというケースが散見されます。

　このような観点から，②についても，大きなメリットにならないと考えます。

　以上で述べたように，介護事業においては，フランチャイズグループに加入することによる営業力の強化が限定的であり，報酬の上限が決まっているなど，フランチャイズグループに加入するメリットは大きくないことが一般的であると考えています。一方で，毎月の加盟料の負担だけでなく，競業避止義務や高額な違約金が設定されるというデメリットが大きい状況です。

　もちろん，筆者もすべての介護事業に関するフランチャイズグループを把握しているわけではありませんし，中には加盟料に見合う価値を提供されているフランチャイズも存在するはずです。フランチャイズグループに加入する際には，加盟料や提供される価値をしっかりと認識し，収支の見通しを見極めた上で，加入するか否かを判断するようにしてください。

5 福祉用具等に関する商標権侵害について損害賠償請求等が否定された事案

大阪地判令3・11・9令2（ワ）3646号

#商標権侵害

事案の概要

　本事案は，運動器具および福祉用具等を開発し，自ら消費者に販売するとともに，第三者に卸売りもするXと，XからX製商品（以下「本件商品」といいます）を仕入れて販売していたY1と，Y1から本件商品を仕入れて販売し，その後Xから直接本件商品を仕入れるようになったY2が当事者となっている紛争です。

　Xは，Yらの本件商品の販売行為について，X標章の出所表示機能を毀損する不法行為，商標権侵害だとして，Yらに対して損害賠償を求めました。結論として，Xの損害賠償請求は認められませんでした。

1　本事案の時系列

大まかな時系列は以下のとおりです。

平成27（2015）年 2月23日	XとY1が本件商品の取引基本契約を締結。

同年2月末以降	Y1は，本件商品にY1の標章を添付し，X作成の説明書をY1作成の説明書に差し替えて販売。
平成29（2017）年以降	Y2がY1から本件商品を仕入れて販売。
平成31（2019）年2月21日	Xが本件商品の商標登録を出願。
令和元（2019）年8月	XがY1へ販売を取りやめ，Y2に直接販売。
同年12月6日	本件商品が商標登録される。
令和2（2020）年1月7日	商標登録に係る公報が発行。その後，Y1は本件商品の在庫を販売。

2　裁判所の判断のポイント

（1）　Xが問題としたYらの行為

Xが問題としたYらの行為は以下のとおりです。

> ①　Y1が本件商品の梱包箱のXの屋号が記載された箇所の上に，Y1の社名や商品名等を印字したシールを貼り付け，Xが同封していた説明書をY1が作成した説明書に差し替えて販売した行為
> ②　Xの商標が登録され，これに係る公報が発行された後の，Yらの販売行為

Xは，①について，Xが適正に付した標章が継続して使用されるという，原告の法的に保護された利益を，故意または重大な過失により毀損する行為であり，実質的に原告の標章を剥離する不法行為に該当すると主張しました。

また，②については，商標登録に係る公報が発行された後に，Xの標章を使用せずYらの標章により本件商品を販売した行為は，商標権の出所表示機能を毀損するとして，商標権侵害であると主張しました。

（2）　①について

　裁判所は，XがYらに本件商品を譲渡した際に，合意や指示などによって，Xの標章を商品名として販売すべき特段の事情が存する場合に，YらがYらの標章による販売を行い，Xに損害を生じさせた場合には不法行為が成立する余地があると判断しました。その上で，裁判所は，かかる特段の事情が存しないとして，不法行為の成立を否定しました。

（3）　②について

　裁判所は，商標権侵害は，指定商品または指定役務の同一類似の範囲内で，商標権者以外の者が，登録商標を同一または類似の商標を使用する場合に成立することがその基本であり，Xから本件商品を譲り受けたYらがXの標章以外の商品名で販売することができるかは商標権の問題ではなく，XとYらの合意の問題であると指摘し，YらがYらの標章で本件商品を販売した行為は商標権侵害ではないと判断しました。

3　実務上のポイント

（1）　商標権の概要

　本事案では，商標権侵害が問題となりました。介護事業所は商標の問題には馴染みが少ないかもしれませんので，まずは，商標制度の概要を説明します。
　商標権は，特許庁に出願をし，所定の要件を満たしていると判断された場合に，登録料を納付することにより成立する権利です。
　商標の出願をする際には，①どのような商標を利用したいか，②どのような商品または役務（サービスの意味です）に商標権を設定したいかを定める必要があります。
　まず，商標法は，人の知覚によって認識することができるもののうち，文字，

図形，記号，立体的形状もしくは色彩またはこれらの結合，音を業として使用するものを「商標」と定めています。自己の商品やサービスにどのような商標，つまり，名称やトレードマークを付けるのかというのが①の問題です。

　そして，そのような商標を，どの商品，どのサービスの商標として独占使用したいのか（商標権の対象にしたいのか）というのが②の問題です。

　商標権が認められると，第三者は原則として，商標権者の許諾がなければ，その商標権の対象となる②指定商品または指定役務と同一または類似する範囲内で，商標権の対象となる①商標を使用することができなくなります。

　例えば，コカ・コーラ社は，①「コカ・コーラ」という文字の商標について，②指定商品を「ビール，飲料水，香りを付けた飲料水，ミネラルウォーター，炭酸水，エネルギー補給用の清涼飲料（医療用のものを除く），スポーツ用の清涼飲料，飲料製造用のシロップ・濃縮液・その他の液状・粉末状の清涼飲料製造用調製品，その他の清涼飲料，果実飲料，その他のアルコール分を含有しない飲料」とする商標権を取得しています（登録番号：第6179695号）。

　この商標権は，「コカ・コーラ」という商標を，上記の指定商品と同一または類似する商品に使用することを独占する権利であり，商標権者以外の者は商標権者の同意がない限り，「コカ・コーラ」という商標を上記の指定商品と同一または類似する商品に使用することはできないということになります。他方で，上記の指定商品以外の商品に「コカ・コーラ」を使用したとしても，この商標権の侵害にはなりません（もちろん他の商標権や他の法律に違反する可能性はあります）。

（2）　本事案におけるＸの主張

　本事案では，Ｘの自社商品を購入したＹらが，あたかもＹらの自社商品として本件商品を販売している状況でした。

　このような状況で，Ｘが自身の屋号や商品名を表示して販売してほしいと思う気持ちは理解できなくはありません。

　しかしながら，購入した商品をどのように扱うかは購入者の自由であるのが

大原則ですので，購入者を拘束するには合意等が必要であることは裁判所が指摘するとおりです。

　また，商標権についても，商標権は第三者に自己の標章を使用させない権利であって，第三者に自己の標章を使用させる権利ではありません。この点も裁判所が指摘するとおりです。

　Ｘとしては，商品の販売に際して，本件商品をどのような形態で流通させるかという点まで想像してＹらとの契約を締結しなければならなかったと言わざるを得ません。

　ただ，他社製品を仕入れた上で，無断で他社の屋号や商品名を削除し，自社の名称や商品名を付して販売するＹらの行動は，法的に問題があるかどうかはさておき，マナーや倫理的には問題があったといえるでしょう。

　介護事業所においても，健康器具や福祉用具をメーカーや商社から仕入れて販売することはあると思います。その際には，当該商品をどのような名称や形態で販売するかを契約書に明記し，無用な紛争が生じないように心がけましょう。

6　連帯保証契約に基づいて代位弁済をしたことについて信販会社からの求償請求が一部肯定された事案

（東京地判令3・3・11平31（ワ）8695号）

#信用購入あっせん業務
#連帯保証

事案の概要

　本事案は，原告が，介護保険法に基づく居宅介護支援事業等を目的とする株式会社である被告会社の連帯保証人として，株式会社ａ，ｂとの間で締結した3つの契約に係る債務を弁済したとして，被告会社に対しては求償権に基づき，当該求償権を連帯保証した被告会社代表者（被告）に対しては連帯保証契約に基づいて，それぞれ連帯して代位弁済額の支払を求めた事案です。

　原告は，信用購入あっせん業務等を目的とする株式会社です。

　裁判所は，結論として，3つの契約のうち2つの契約の代位弁済について，求償権および連帯保証契約に基づく支払請求を認めました。

1　本事案の整理

　本事案は，1つひとつの契約について説明をすると複雑になるため，本書では，事案については要約の整理にとどめた上で，ポイントを説明したいと思います。

　本事案の各契約の締結には，被告の元夫であるBが密接に関わっています。

　つまり，Bも，介護保険法に基づく小規模多機能型居宅介護事業，認知症対応型共同生活介護事業等を目的とする株式会社である株式会社dの代表取締役を務めていたところ，Bは株式会社dを被告会社と同名に変更し，被告会社名義を冒用して店舗を賃貸したり，株式会社dの債務の担保のために，被告の自宅を提供させたりするなど，被告とBとの当初の人的関係を基礎とした複雑な関係が構築されていました。

　そのような中で，原告を連帯保証人，被告を原告から被告会社に対する求償債権の連帯保証人とする，以下の3つの契約が締結されたのです。

---

① a株式会社との間の複合機を対象とするファイナンス・リース契約
② 株式会社bとの間で電話機等を対象とするリース契約
③ 株式会社bとの間で浴室設備についての売買契約

　上記の3契約に係る債務弁済に関する原告の主張に対し，被告らは，概要として以下のような反論をしました。

● そもそも被告会社が契約した契約ではない。
● 被告会社が締結したとする契約内容が信義則や公序良俗に反しており無効である。
● Bから強迫を受けたり，内容を理解しないままサインさせられたりしたもので，意思を抑圧されていた。

2　裁判所の判断

　裁判所は，①については，被告らの主張どおり，そもそも被告会社とa株式会社との間の契約の成立自体を否定しましたが，②③については，契約の成立，

契約の有効性をいずれも認め，被告による連帯保証についても認めました。

　裁判所の判断を要約すると，①についてはそもそも記名や押印をBが行ったことは争いがなく，被告が契約締結の意思表示をした事情もないため，契約自体を不成立としました。

　②③については，被告が，契約内容を把握した上，被告会社の代表者として，また被告自身が直接記名（署名）押印等を行っていると判断され，契約の成立，有効性のいずれも認めたのです。その理由としては，実際に記名（署名）押印をする際にBはおらず，担当者と被告だけであったことや，説明したことを示す確認書へのチェックの記載をしていること，さらにその後，契約の成立を前提とした契約内容の変更届の提出を行っていることなどが挙げられています。

　この中で，Bと被告との関係性はほとんど考慮されておらず，被告らにとっては，自ら利益を受けることのない契約に関して400万円近い多額の債務を負うことになったのです。

3　実務上のポイント

　本事案が，もし被告のみが連帯保証人となっていた契約であった場合，例えば消費者契約法等による救済があったかもしれません。

　実際，被告はBから，契約をしなければ自宅を担保で取り上げられるなど，様々な心理的圧迫を受けており，少なくとも事実として，契約内容をあまり理解せずに契約をしていたと思われる主張が多くされています。

　それにもかかわらず，このような厳しい結果となったのは，判決文ではっきりと書かれているわけではないものの，被告会社が法人であること，そして被告が法人の代表者であることが大きいのではないかと思われます。

　消費者契約法は，一般消費者と企業との間の圧倒的な情報格差を背景に，一般消費者が不利益を被ることがないように制定された法律であることから，いわゆる「商人」に当たる法人や個人事業主には適用がありません。しかしながら，介護事業所を運営する法人の代表者や個人事業主は，自らの専門分野であ

ればともかく，それ以外の契約において，情報格差は一般消費者と大きく変わらないことも多々あります。

　そのような中で，一般消費者が巻き込まれるようないわゆる「消費者トラブル」に巻き込まれ，結局何らの救済も得られないという例は後を絶ちません。裁判所は，法人代表者や個人事業主による「知らなかった」「わからなかった」という反論を受け付けないのです。

　本事案は，被告とＢとの関係性が前提となっている部分もあるので，必ずしも消費者トラブルの事案とは言えないかもしれませんが，法人代表者としては，自らが行う法律行為の重みを理解した上で，不合理であると感じる点，不明な点が生じた場合には，一歩立ち止まり，専門家へ相談するなどの対応を取る必要があるのです。

索　引

┌【監修者紹介】┐

芦原　一郎（あしはら　いちろう）

※週刊東洋経済『依頼したい弁護士25人』（選出）（週刊東洋経済2020.11.7）
※司法試験考査委員（労働法，2021〜）
※社外役員（日新火災海上保険：2021〜，クラフト：2020〜）
・HP：https://cast-group.biz/
・ブログ：https://ameblo.jp/wkwk224-vpvp
・note：https://note.mu/16361341

弁護士法人キャスト　パートナー
早稲田大学法学部，ボストン大学ロースクール卒
弁護士（日本，米NY），証券アナリスト（CMA®），経営コンサルタント

森綜合法律事務所（現　森・濱田松本法律事務所），アフラック，みずほ証券などで
社内弁護士，チューリッヒ保険・生命ジェネラルカウンセル，Seven Rich法律事務
所を経て，2020年から現職。
日本大学　危機管理学部　非常勤講師（〜現在），東弁労働法委員会（副委員長，〜
現在），JILA（日本組織内弁護士協会）理事（〜2022），東弁民暴委員会（〜現在），
大宮法科大学院（ロースクール）非常勤講師（〜2009）。

主な著書に，『実務家のための労働判例読本 2022年版』（経営書院／産労総合研究所
／2022），『問題社員をめぐるトラブル予防・対応アドバイス』（共編／新日本法規／
2021），『法務の文書・資料作成術』（学陽書房／2020），『法務の社内調整術』（学陽
書房／2020），『国際企業保険入門』（共編／中央経済社／2019），法務の技法シリー
ズ（『法務の技法（第2版）』『経営の技法』『法務の技法　人事労務編』『法務の技法
OJT編』『国際法務の技法』（ともに中央経済社），『ビジネスマンのための法務力』（朝
日新書／朝日新聞出版／2009），『社内弁護士という選択』（商事法務／2008）ほか多
数。

┌【著者紹介】─────────

弁護士法人かなめ

　修習の同期であった弁護士畑山浩俊(66期)および同米澤晃(66期)が平成27(2015)年9月1日に法律事務所かなめを設立。

　令和2(2020)年9月1日付で法人化し「弁護士法人かなめ」となり，令和3(2021)年6月に東京支店，令和4(2022)年6月には福岡支店を開設。

　現在(令和4(2022)年7月12日時点)，弁護士8名体制で業務を行う。

　介護，幼保等の福祉事業に特化した事務所として，顧問弁護士サービス「かなめねっと」を運営。

　全国27都道府県に顧問先を擁し，チャットワークを活用することで，経営者だけでなく現場の管理者などからの相談にも対応し，日常的に発生する様々な法的な問題と向き合っている。

裁判例からわかる
介護事業の実務

2023年1月1日　第1版第1刷発行

監　修	芦　原　一　　郎	
著　者	弁　護　士　法　人　か　な　め	
発行者	山　本　　　　継	
発行所	㈱中　央　経　済　社	
発売元	㈱中央経済グループ パ ブ リ ッ シ ン グ	

〒101-0051　東京都千代田区神田神保町1-31-2
電話　03(3293)3371(編集代表)
　　　03(3293)3381(営業代表)
https://www.chuokeizai.co.jp

印刷／㈱堀内印刷所
製本／㈲井上製本所

Ⓒ 2023
Printed in Japan